泉佐野市税務課長 975日の闘い

ミッションインポッシブル――
関空連絡橋に課税せよ！

竹森 知
TAKEMORI Tomo

文芸社

目次

きっかけ

平成30（２０１８）年9月、台風21号が近畿地方を襲った。

関西国際空港の連絡橋にタンカーが衝突した。衝撃的な映像が世界中に流れた。

空港対岸の泉佐野市も大きな被害を受け、市は災害対策本部を設置した。

私も連日、災害対応に従事した。

台風から10日余り経った9月15日の土曜日も、私は災害対応のため市役所にいた。

午後5時過ぎ、3階の災害対策本部に入った。

入口付近で部屋を見回すと正面の本部長席の近くで千代松大耕《ひろやす》市長が、立ったまま部屋を見回していた。

「竹森会計管理者（註1）、運転してください。市内パトロールに行きます」

部屋に入ったばかりで目も合わせていない私に、千代松市長は声をかけた。

「市内の仮置き場を見に行きます」

市内各所に設置した災害ゴミの仮置き場に、台風とは無縁のゴミが夜中に持ち込まれた。近所から出される災害ゴミよりも多いところもあり、一時的に設置した仮置き場が解消できなくなっていた。

市長車ではない普通の公用車を私が運転し、市長が助手席に座った。

「日が暮れるまで公園を見て回ります」

市長が行き先と道順を指示した。

私は災害対策本部に入ったときを思い出した。

(市長は確かに私を指名した)

部屋に入ってから指名されるまでの束の間の空気感が、いつまでも体全体に残った。

9月15日、土曜日、午後5時過ぎの気憶が私の体に深く刻まれた。


二つ目の公園を回った頃に日は落ちた。

次の公園まで少し時間がかかりそうだ。私は黙って運転を続けた。

「竹森さんは今年で退職ですね」

落ち着いた声で市長に話しかけられた。

役職名を付けないで呼ばれた気憶がない。

市長室とは全然違う雰囲気だ。

「はい、定年が楽しみなんです」

「退職して時間ができたら、本を書いたらどうですか」

えっ。話の流れがわからず言葉が出ない。

「空港連絡橋利用税(註2)のことを書いたらどうですか」

「それは考えたことないですね。退職したら、今までとは違う生き方をしたいと思っています。何かすごいことをやりたいんです」

今までの公務員人生に不満はなかったので、言葉を選んだ。

定年退職は宮仕えの終焉と決めていた。自分が主人公の人生、それが次の目標だった。

「本を書くのはすごいことですよ。空港連絡橋利用税は戦いだったと思っています。

ふるさと納税は、ルールの中でやったら日本一になりました」

本を書くのに興味はないが、千代松市長の言葉は注意して聞いた。

沈黙があって千代松市長が教えてくれた。

「総務省に、ふるさと納税を取り上げられそうです」

しんみりとした響きだった。

私は、強気な千代松市長しか見たことがなかった。次は私が何か言う番だが、無念さを滲ませた市長の声に何も言えない。

「また新しいことを考えてはどうですか」

と、失礼な言葉が出てしまった。

千代松市長は就任してからの7年を振り返って、さらに話した。「空港連絡橋利用税は戦い」という言葉が何度かあった。


泉佐野市は大阪府の南西部、大阪市と和歌山市のほぼ中間に位置し、背後に一部が金剛生駒紀泉国定公園に指定された和泉山脈を擁する。

近年三つの日本遺産が誕生した。

第1に、修験道の開祖と言われる役 行 者《えんのぎょうじゃ》がはじめて修行を積んだ『修験道はじまりの地』がある。

第2に、800年前の貴族、九条家の荘園の景観が今も残る『中世日根荘の風景』がある。

第3に、江戸時代廻船業で栄えた名残が少しある『北前船寄港地・船主集落』がある。

泉佐野市の沖合に関西国際空港が見える。海岸線と並行して走る3500メートルの滑走路は空港島の手前側にあり、5キロメートル離れた陸地からは、飛び立つ飛行機も着陸する飛行機も見える。

空港島は1本の橋で陸地と結ばれている。関西国際空港連絡橋で愛称は「スカイゲートブリッジR」。京阪神地域や和歌山県から空港へ向かう道路と鉄道は全て、この連絡橋を目指し海岸部を埋め立てた「りんくうタウン」の、海に突き出た三角地に集まる。そこが泉佐野市である。陸から関西空港へ行く際は必ず通ることになる。

泉佐野市は国際空港に最も近い都市《まち》になった、空港に向かう交通網が整備されたことによって京阪神にも飛躍的に近くなった。

泉佐野市は関西空港の発展に期待し、国際空港の玄関都市としてふさわしいまちづくり事業に重点を置いた。

事業に取り組み始めると間もなく、バブル景気が訪れた。

バブルは絶頂になり、そして弾けた。

泉佐野市の税収は計画を大きく下回った。バブル前に大幅な増収を見込んだために反動は極めて大きかった。空港が開港するよりも先に市財政の破綻が懸念された。空港と共存共栄するまちづくりは、財政危機との戦いになった。

泉佐野市は収入増に奔走し続けたが、財政健全化団体（註3）になった。財政破綻の一歩手前だ。止《とど》めを刺すように、関空連絡橋が国有化された。

空港連絡橋利用税の導入に邁進した。『窮鼠猫を嚙む』の如く。

泉佐野市は「ふるさと納税」に目を付けた。

ふるさと納税は豪華な返礼品を送る競争になり、泉佐野市は返礼品の拡充に心を砕いた。

その結果、ふるさと納税で集めた金額は、平成29（2017）年度から連続して日本一になった。

総務大臣は泉佐野市のやり過ぎを批判し、恥も外聞もかなぐり捨てて制度からの締め出しに猛進した。

泉佐野市は総務大臣を訴えた。

令和2（2020）年6月30日、最高裁は逆転で泉佐野市勝利の判決を出した。

国に忖度するのが当たり前の世の中で、国の法律違反を訴え、最高裁まで争った自治体の意気込みに、全国の自治体が、多くの国民が度肝を抜かれた。

関空建設という国家プロジェクトの着工から30年余り。国際空港との共存共栄を謳った都市は、長い間倒産寸前の崖っぷちを歩き続け、いつの間にか国と戦う自治体に変貌していた。

（註1）会計管理者＝特別職であった収入役（市町村）に替えて新設された役職。地方公共団体の会計事務を司る。

（註2）空港連絡橋利用税＝泉佐野市が関西国際空港連絡橋の通行料金を支払う者に課した法定外の普通税。一往復

につき１００円で、西日本高速道路株式会社（ＮＥＸＣＯ西日本）により特別徴収される。平成25（２０１３）年３月30日午前0時より徴収開始。「関空橋税」とも。

（註３）財政健全化団体＝「自治体財政健全化法」の基準で、財政悪化の兆しがあると判断され、自主的な財政再建の取り組みが求められる地方公共団体のこと。さらに財政状況が悪化すると、「財政再生団体」になる。

第1章　約束のゆくえ

1

平成22（2010）年、私は4月1日に当時の新田谷《にったや》修司市長から辞令を受け、総務部税務課長になった。

数日後、私はりんくうゲートタワービルの53階でエレベーターを降りた。会場に向かう途中、大きな窓から大阪湾が見えた。まるで展望台だ。

「いいところでやるんだな」

阪神高速湾岸線が海岸線を走る。車のヘッドライトが点き始める。高速道路を辿って遠くに視線をやる。判別できるのは岸和田辺りまでか。高度を下げてくる飛行機が視界に入る。ゆっくり近づいて来る。水面が近くなり、さあ着陸だと思ったところで、自分がいる窓の端に消えた。空港島は見えない。

顔をガラスにつけた。真下のりんくうタウン（註4）を見た。コンビニと駐車場と空き地が目立つ。

（バブルが崩壊してからもう20年か）

りんくうタウンに高層ビルが林立し、不夜城となる壮大な計画は束の間の泡と消えた。今いるゲートタワービルも、さらにもう一棟建ってツインタワーになりゲート（門）を形づくる計画だった、そう思うと背後に幻のタワーを感じる。りんくうタウンに来ると、泉佐野市の衰退ぶりを突きつけられる。

滅入る心を振り払い会場に入った。正面のステージに金屏風が光っていた。

「主賓のテーブルにお願いします」

担当がステージに近い奥の丸テーブルを指し示した。

席に着いて会場に目を配り、屏風の前のマイクを確認した。席を立ち金屏風の前に進む自分をイメージすると胸の鼓動が全身に伝わった。掌を上にして両手を腿の上に乗せ、軽く息を吸ってからゆっくり時間をかけて吐く。しばらく繰り返し、眠くなってゆく自分を想像する。緊張を解く自律訓練法で、ストレスに強い体に変えたいという思いで数年前に始めた。

今日は親睦会が主催する職場の歓送迎会。税務課長が親睦会の会長と決まっている。だから私は歓送迎会の主催者であると同時に、新しい職場に迎えられる側でもある。

数日前、親睦会の幹事から最初に挨拶してほしいと言われた。

パーティーが始まり挨拶の指名があった。

金屏風の前に立って50人近い視線を感じると、案の定、足が震えた。

ストレス対処の第2弾も考えていた。

「こんなに多くの人の前で話すことは滅多にありません。原稿を読みながら挨拶させていただきます」

原稿を取り出し、正面に掲げた。棒読みでも構わない、心を込めた。

「竹森知《とも》でございます。4月1日に税務課長の辞令を受けました。新しく異動してきて、本日は歓迎される側ですが、税務課親睦会の会長であります。平成22年度税務課歓送迎会の開会の挨拶をいたします」

新しい職場に移っていく人に激励の言葉を送り、私と同じく税務課に入ってきた人に一緒に頑張ろうと話し、上の役職に昇格した人にお祝いの言葉を述べた。最後に、みんなで力を合わせてやってゆこうと呼びかけた。

挨拶が終わると緊張から解き放たれた。会場全体がよく見え、人数の多さに改めて驚いた。

しばらくして乾杯があり歓談になった。

私は今回の人事異動を振り返った。

「今度の人事異動で課長級の欄に竹森さんの名前が一番に入り、最後まで動かなかった。こんなことは初めてや。人事異動はパズルのようなものであれやこれやと何度も人を入れ替えるんやけど、竹森さんは一度も動かなかった」

先日、総務部で退職者の送別会を行ったときに人事担当の部長が話していた。

私は総務部人事課の参事から同じ総務部の税務課長に異動した。泉佐野市で「参事」の役職は課長級なので、私もその送別会に参加していた。

私は思わずにこりとした。

「それはどういう意味ですか」

ひょっとして「期待の税務課長です」という返事が返ってくるのかと思い、私は興味深そうな顔をした。

「それは知らん」と部長は素っ気なかった。

私は50歳を過ぎた。期待されて新しい役職を引き受ける意欲よりも、「もう新しいことに対応できないかもしれない」という不安が先に立つ。

「歳を取ると人事異動が怖くなる」

若い頃に聞いた先輩の言葉が身に染みる。

泉佐野市に就職して27年。福祉職場で10年、人事課で7年、税務課は今回が3度目の配属で、これまで8年の経験があった。

市役所には多種多様な職場があるが、私は大多数の職場を知らない。課長級になってからは、「初めての職場で課長になる」とか、「困難にあって退職した課長の後釜に座る」自分を想像すると不安が募った。

人事異動のパズルで私の名前が最初から最後まで動かなかったのは、他の職場で役に立たないことの証しだったのかもしれない。

しかし私は3度目の税務課が〝当たりくじ〟と思っていた。

回想をやめ、目の前の料理を眺めた。

幹事の一人がビールを注ぎに来た。

金屏風の前で挨拶し、結婚式のように緊張したと私は話した。

「これだけの人数が入って、ゆっくりして、きちっとした歓送迎会ができる場所は結婚式場くらいなんですよ」

宴会のたびに会場探しに苦労すると幹事は話した。40人を超える職員がいて、歓送迎会は異動する人数だけ増えるからなおさらだ。

他の職員も挨拶に来た。

何人目かに今西係長がニコニコしながら近づいて来た。

「よろしくお願いします」

今西君とは7年前まで税務課で一緒に仕事をした。私が異動で出るときに見送ってくれ、今回はまた迎えてくれる。この間もずっと固定資産税係にいて、今年から係長になった。

「今西君、あんた、係で一番若いんか」

「違います。H君がいます」

「去年の新採やないか」

12人の係で二番目に若い。彼を見ると泉佐野市役所の年功序列は過去のことだ。

「空港2期島（註5）の評価とかいろいろあるけど、よろしくお願いします」

「わかりました。頑張ります」

時間になるまで次々に職員が挨拶に来た。

（註4）りんくうタウン＝泉佐野市、泉南市、田尻町の3自治体にまたがる大阪府の副都心のひとつ。関西国際空港の開港に合わせて、昭和62（1987）年に造成工事を開始。

（註5）空港2期島＝平成11（1999）年に埋め立てを始め、平成19（2007）年8月、2本目のB滑走路と最小限の誘導路だけで供用を開始した。

2

新しい仕事は順調だった。

日々の仕事は40人を超える職員が熟す。そうして業務の大半は回り、年度初めの繁忙期は過ぎていった。

7月下旬、私は今年一番の大仕事を口にした。

「今西君、空港2期島の評価、頼むね」

「課長、それ、無理なんじゃないですか」

思いも寄らない返事だった。

「えっ、無理ってどういうこと」

「年内に2期島の埋め立てはできないでしょ」

「まだ7月やで。時間はあるやろ」

国交省は関空2期島の埋め立て工事を今年中に完了すると泉佐野市に約束した。

その土地を評価して固定資産税の額を算定する。そろそろ本格的な作業に入ると思っていた。

「埋め立ての完了した土地が泉佐野市の土地になるためには議会の手続きが必要です。これまでの埋め立てでは議会にかけるよりもずっと前に関空会社（註6）から打ち合わせの話がありましたが、今回は未だに何もありません。だから年内は無理と思っていました」

いつの時点から遅れが出てきたのだろうか。

「年内が無理という話は引き継ぎではなかったよ」

「僕が無理と思っているだけなんで、確かなことはまちづくり調整担当に聞いてください」

「わかった、ありがとう」

2期島の埋め立て工事が今年中に完了し、来年度から5億円の固定資産税が泉佐野市に入る予定だ。しかし市の土地にならなければ税金は入らない。由々しき事態だ。

埋め立て工事を行う関空会社との窓口は市長公室まちづくり調整担当理事だった。

私は松江（仮名）まちづくり調整担当理事の席に急行した。

「2期島の埋め立て、年内は無理って今西係長が言うんですが」

松江理事は「ああ〜」と言って、口をパクパクさせた。何から話そうかと考えているようだ。

「2期島の埋め立てが、現在、進んでいないというのはそのとおりなんです」

「今年中に埋め立てる約束でしょ」

「そうです。ただ、その約束をしたのは国交省です。一方、工事をするのは関空会社です」

「約束をしたのは国交省だから、関空会社は関係ないということですか」

「そこが微妙なんです、市としては約束をした相手に履行を求めます。国交省は約束を守ると言っています。一方、埋め立て工事をするのは関空会社です。工事が遅れる原因はあったんですが、こちらから関空会社に話を投げて、向こうができないとか、約束はしていないとか言われると話がややこしくなるんです」

松江理事は関空会社と工事の話はしていないらしい。理由はよくわからなかったが、事態は順調ではないようだ。

松江理事が「約束を履行させるのが私の仕事」と言うので、私は席に戻った。

「約束を履行させるってなんだ。約束は履行するもんやろ」

松江理事のイマイチ納得できない説明にぼやきが出た。

観測史上最高の猛暑という長期天気予報が出ていた。7月20日頃から茹だるような暑さがやってきた。通勤だけで汗だくになり、顔が火照った。

8月2日の月曜も同じだった。愚痴を零しながら席に辿り着き、汗を拭った。

横の席の松本（仮名）課長代理が話しかけてきた。

「課長の家、何新聞ですか？」

「読売やけど」

「昨日の朝日の1面に『空港島、税逃れ』って載っていました」

ネット検索した。

『関空2期島、完成遅らせ納税回避　土盛り60センチ残す』とすぐに出てきた。

とても長い記事だ。後日、調べると1263文字で、社会面の777文字と合わせて2040文字の記事だった。

「読み終わるまで電話の取り次ぎはしないで」

松本課長代理に頼んでからリードを読んだ。

「関西国際空港会社が、関空2期島（528ヘクタール）の用地のうち237ヘクタール分について、約3年前から埋め立て工事を完成直前でストップさせていることがわかった。造成中の用地は固定資産税がかからず、借入金の金利負担など決算上の費用を低く抑える会計処理も使えるため、完成を遅らせているとみられる。完成すれば、同社の収支は年40億円ほど悪化し、赤字転落は必至となる」

本文には詳しい経過や関空会社の経営状況が書いてあった。

埋め立てに必要な土砂は空港島内に搬入済みだが、島内の工事は止めているらしい。そうすれば固定資産税は払わなくていいし、会社の決算もよく見える。

関空会社が税逃れをしていると新聞に載れば、税務課長の私に問い合わせがくる。しかしノーマークの情報ばかりだ。

先日、空港の工事が進んでいないと聞いて、様子がおかしいと思っていたが、日曜日の朝刊の、しかも1面のトップに載るなんて、まさに晴天の霹靂だ。

「大阪府の市町村課と2人の記者から電話がありました」

松本課長代理が教えてくれた。

市町村課に電話をすると情報の出どころや記事の狙いを聞かれたが、心当たりが全くない。

電話を終えて課長代理に聞いた。

「情報の出どころはどこだと思う」

少し考えてから返事が返ってきた。

「わかりません」

松江理事に電話をした。

「情報の出どころはどこでしょうか？　関空会社ってことはないでしょうね」

当てずっぽうに訊いた。

松江理事が言った。「関空会社はコメントを出すと言っています。情報源ではないでしょう」

電話を切り、また記事を読んだ。

しばらくすると松江理事がやってきた。

「関空会社のコメントが手に入りました」

受け取った書類に目を通した。

一．２期島の未供用地については、鋭意工事を行ってきたところであり、現在は今年度予算措置に基づき護岸の嵩上げ工事を実施しているところであります。

二．従って現状は埋め立て工事の工程上用地の造成段階にあることから、造成にかかる費用については利息を含め建設仮勘定に計上しているものであり、報道のように税負担を免れたり会計上の黒字化を図るために意図的に完工を遅らせているという事実はございません。

三．なお、当社は有価証券報告書の作成会社であり、財務諸表については会計監査人より適正である旨の意見をいただいております。


考えながら読み返した。

(関空会社は怒っている)

私がそう思ったとき、松江理事も声に出した。

「関空会社は怒っていますよ」

「それにしても、誰が何のためにこんな情報を流したんでしょう」

「わかりません。席の電話が鳴っていると思うんで戻りますね」

松江理事はそう言って離れていった。

読売新聞の記者から電話が入った。

「昨日の朝日の記事について教えてください。関空支局に着任したばかりで知らないことだらけです。今度、市役所に伺って話を聞きたいんですが、どうでしょうか」

「いいですけど、私も4月に課長になったばかりで、わからないことばかりです。少し時間をください」

「この件はそのうち記事にしたいと思っています。来週の水曜日はどうですか」

時間を決めて電話を切った。

また電話が鳴った。今度は毎日新聞の記者からだった。

「課長、昨日の朝日新聞について泉佐野市は知っていたんですか」

「課長になったばかりで過去のことは知りません」

「脱税されていたんですか」

脱税は迂闊に口にすべき言葉ではない。眉がぴくんと動いたが、意識して平静に話した。

「来年度から課税の予定でしたから、脱税とは考えていません」

「関空会社は竣功認可を申請しないらしいが、泉佐野市はどうするんですか」

「竣功」とは工事が完了することだが、「認可を申請」と言われても、何のために、どうすることか、知らない。

「関空会社の担当は別になりますんでそちらで聞いてください。税務課では答えようがありません」

「みなし課税（註7）はするんですか」

「課税」は税務課の仕事だが、みなし課税は通常あり得ない。

「みなし課税」という言葉に危険を感じた。「みなす」は、「みなされる」側にとっては一方的で恐ろしい言葉だ。本来、課税対象でないにもかかわらず、課税対象とみなすのだ。尋常ではない。私は大きくひと呼吸し、そこにできたわずかな時間でこの場にふさわしい言葉を探した。

「埋め立てが完了してから課税という流れを考えていましたから、他は考えていません」

電話が切れた。

1面トップ記事に関空会社の怒りのコメント、そして問い合わせの連続。

あとから考えれば、これが〝私の闘い〟の始まりだった。

取材を受ける準備を始めた。あっという間に1週間が過ぎ、読売の記者がやってきた。

「関空支局に着任したばかりで何も知らないんです」

基本的な質問から始まった。

「関西空港は泉佐野市なんですか」

ここから話すのかと思った。

「泉佐野市、田尻町、泉南市の2市1町に分かれていて、面積はほぼ3等分されます」

「関西空港には固定資産税がかかっている所とかかっていない所があるんですか」

「埋め立てが完了していない所は海という扱いです」

「公有水面埋立法（註8）はどういう法律ですか」

1週間で公有水面埋立法まで手が回らなかった。

「私はその法律に詳しくはありません。海は自由に埋め立てることはできません。埋め立ての手続きが書かれています」

「竣功していない土地の固定資産税は10億円ですか」

「税務課はどの土地にいくら税金がかかっているか知っていますが、他の人から聞かれても答えません。あなたの家の評価や税金を隣の人が知っていれば問題でしょ。10億円という額は他から入手したんじゃないですか、例えば関空会社からとか。あと、泉佐野市域の134ヘクタールの埋め立てを完了させて泉佐野市に5億円の税収が入るようにする約束がありますので、その比率で239ヘクタールの税額を計算すると10億円くらいの数字が出てきます」

134ヘクタールで5億円。239ヘクタールで10億円と口が動いたとき、私はピンときた。

（情報の出どころは泉佐野市じゃないのか？）

「国交省の支援の約束って何ですか」

「3年前の平成19（2007）年12月、国は関空連絡橋を国有化する方針を出しました。これが実現すると泉佐野市の固定資産税が8億円減少します。当然、泉佐野市は反発します。最終的に国は減少する税金分を支援する約束をしたのです」

「国から取り返すなんてすごいですね。国は何故そんな方針を出したのですか」

「関空建設の基本方針は民間会社が借金をして空港島や連絡橋を造り、航空機の着陸料や連絡橋の料金収入でその借金を返済するものです。巨大な社会インフラの整備を民間に任せた前例はなく、その結果、関空の着陸料も連絡橋の通行料金も非常に高くなりました。

関空は海上にあって騒音公害の心配はなくなりましたが、とても使い勝手の悪い空港になり航空機の発着回数は伸びませんでした。

着陸料で借金を返済するという当初の計画は外れ、着陸料が高いので発着回数が増えない、発着回数が増えないので収入は増えない、収入が増えないので借金は減らない、借金が減らないから着陸料は下げられないという悪循環に陥りました。

連絡橋の通行料金は高額で、使い勝手の悪さに拍車をかけます。普通車の料金は開港した当初は1700円でした。4キロメートル足らずの橋の往復料金です。平成17（2005）年からは1500円です。この通行料金を引き下げるために、政府は平成19（2007）年12月に連絡橋の国有化を発表しました。

一方、泉佐野市は連絡橋から固定資産税が入っていました。その当時で税額は年間8億円です。国有化されるとこれが入らなくなります」

「連絡橋に税金がかかるのですか」

記者が私の話を遮って質問した。

「連絡橋は道路ですよね。道路に税金がかかるのかと質問されますが、あの橋は関空会社の所有で、関空会社という民間会社の事業用資産なんです。テーマパークの中の道路と同じ扱いです」

記者は「はああ」と言いながらメモを続けた。

「国が国有化を発表したとき、泉佐野市に事前の話はありませんでした。だから減った税金を穴埋めするとか、他の支援をするとかの話もありませんでした。泉佐野市は支援を求めましたが、国から反応はありませんでした。

そこで泉佐野市は連絡橋を通る自動車に課税することを目指しました。空港連絡橋利用税です」

話の展開に記者は驚いたようだ。

「道路に税金をかけるのはすごい発想ですねえ」

「連絡橋に課税する考えがどこから出てきたのかはまた調べます。泉佐野市は利用税条例を作って総務省と協議を始めました。その後、国交省は今年中に2期島を埋め立てると約束したのです」

「国というのは国交省ですか」

「国有化したのも支援の約束をしたのも国交省です」

「国はよく支援を約束しましたね」

「その経過もまた勉強します。でも国交省は航空局長の名前で公印を押した文書を泉佐野市に出して支援を約束しました。平成21（2009）年2月です」

記者はメモを取りながら私の話を聞き、さらにいろいろと質問をした。

「国はどうして約束を守らないいんですか」

「私はわかりません。市長公室のまちづくり担当で聞いてください」

記者が質問を変えた。

「橋下知事は空港に関していろいろと発言していますが、その影響はどうですか。新田谷市長と知事の関係はどうですか」

橋下知事との関係は知らなかった。市長通信で大阪都構想のことを書いていたので、関心はあるんじゃないですか、と付け加えた。大阪府内の市長にとっては当たり前のことだったが。

記者は「またよろしく」と言って帰っていった。

数日後、毎日の記者から電話があった。

「今日の読売夕刊に空港2期島の課税の記事が載ります。関空会社の見解として年内の竣功が年度内の竣功になるという内容です。課長は年度内竣功のことを知っていましたか」

報道されていない記事は知らない。逆に聞いた。

「出ていない記事のことをどうして知っているんですか」

「記者どうし、情報交換するので」

読売夕刊の記事を読んだような話しぶりだ。

「そんな話は聞いていません」

「そうなったら泉佐野市はみなし課税をやるのですか」

私は、2年前に国有化を巡って国交省とバトルをしたときの経過はほとんど知らない。どうして毎日の記者がみなし課税にこだわるのかわからなかった。

「年内竣功が無理という話は、減収補填のことなので税務課が答えることではありません」

「大阪府にみなし課税の問い合わせをしていますか」

誘導尋問のようだったが、正直に答えた。

「していません」

「トップからみなし課税の問い合わせを大阪府にしなさいという指示が出たときに、問い合わせをするのは税務課ですか」

「税務課でしょう」

私が知らない記事を見ながら質問されている。記事の内容が気になる。

市役所に夕刊が届くのを待った。1面トップの派手な記事だった。

大きなカット見出しで「税バトル再燃」と書かれ、主見出しは白抜き大文字で「関空会社」、その下に黒い太字で「造成先送り税逃れ」とある。主見出しと対照の左側にも白抜き大文字で「泉佐野市」、その下に黒い太字で「みなし徴収を検討」だ。まるで、大相撲の取組のような演出だ。真ん中に記事が書かれている。戦いを連想させるレイアウトで記事を読みたくなる。上手い。面白いと感心した。

リードを読む。

大阪府泉佐野市が関西空港への『入島税』を見送る代わりとして、国土交通省が『年内完成』を同市に約束した関空2期島用地造成工事について、関空会社が完成を来年1月以降に先送りすることがわかった。来年度の固定資産税約5億円の課税を免れる狙いとみられる。関空連絡橋国有化で年約8億円の同税を失った同市は『約束が違う』と猛反発、埋め立て地の完成前に強制課税する『みなし課税』などの検討を進める構えで、国や関空会社との対立が再燃しそうだ。

長く詳しい本文がある。

2期島で最後に残った護岸を2〜4メートル嵩上げする工事で、完成すれば、甲子園球場35個分に相当する約135ヘクタールの埋め立て地が誕生する。

完成後の土地は将来、第2旅客ターミナルビルや駐機場を整備する計画だが、関空の利用の伸び悩みから整備のめどはなく、関空会社は2018（平成30）年に造成を完成させる予定だった。

しかし、関空連絡橋の国有化を巡り、同市が08（平成20）年8月、通行車両から入島税を徴収する条例を市議会で可決したことから、同省は09（平成21）年2月、税収アップのためにこの土地の完成を前倒しさせるとして、航空局長名で『10（平成22）年中の竣功に努める』との誓約書を同市に提出。同市は条例を廃止にした。

関空会社によると、事業費70億円に国や大阪府などの出資金を充て、昨年度着工したが、今年度の工事は8月下旬に入札を行い、工期は来年3月末に設定するという。その場合、固定資産税の基準日が1月1日に決められているため、同市は来年度の固定資産税収を得られない。

ひと息ついて紙面を見詰めた。朝日の1面に続き毎日の1面、両方ともトップ記事だ。大事件が起こっているか、起きようとしている。しかも、私の知らないところで。考えを巡らすが何も浮かんでこない。

また読み始めた。

同社幹部は「約束を交わしたのは国交省と泉佐野市だ。無理に完成を急げば、想定以上の地盤沈下など安全上の問題も出る」と説明。別の関係者は「経営が厳しいのに、使わない土地の固定資産税を負担させられるのは理不尽だ」と話す。

一方、泉佐野市の新田谷修司市長は「責任は国が取るべきで、国の出方次第では強硬手段を取ることもあり得る」と主張。財政破綻一歩手前の早期健全化団体に指定されている事情もあり、造成が事実上、完了している場合などに適用できるみなし課税で、同社から強制徴収することも検討。適用条件などを大阪府に問い合わせているという。

国交省幹部は「妙案はなかなか見つからない。入島税騒動を繰り返さないよう、関空会社に年内竣功をお願いするしかない」と頭を悩ませている。

さらにみなし課税の説明があった。

埋め立て地の場合、利用実態があれば、都道府県による竣功認可が出る前でも、土地が完成したとみなして課税できる制度。造成期間が長期間に及ぶことが多く、認可前から一部が利用されるケースがあるため作られた。総務省固定資産税課は「実際に課税可能かどうかは各自治体の判断」と説明。納税者側は課税に不服がある場合、その自治体に対して行政不服審査法に基づく不服申し立てができる。

前任者から「税務課の仕事は2期島の評価やねん。国交省や関空会社との調整はまちづくり調整担当の仕事やから、税務課は連絡を待っとったらいいねん」と引き継いだ。

立て続けに新聞に載り、問い合わせが入る。連絡をのんびり待つ状況ではない。

今や引き継ぎと全く違う事態になったのは、明白だった。

これから事態が大きく動く予感がある。何度も読んだ池波正太郎の『真田太平記』を思い出した。私は原作とNHKドラマの両方のファンだ。

信濃の山奥の城の物見櫓に上り、遥か遠くの京や大坂の動きに思いを馳せる真田信幸、幸村兄弟の姿だ。これから天下が大きく動き出す予感を2人は感じていた。

天下に関わるほどの大事件ではないが泉佐野市にとっては大事件で、真田のように京と信濃ほどには遠く離れていない目の前の空港島で何かが起きる。平和な時代は過ぎ去り、激動に巻き込まれていく不安が私にはあった。

（注6）関空会社＝関西国際空港株式会社。昭和59年10月設立。平成24（2012）年に新関西国際空港株式会社に譲渡するまで、関西国際空港を運営していた。

（注7）みなし課税＝固定資産の所有者が明らかとならない場合、その固定資産を使用する者を所有者とみなして、固定資産税を課税すること。

（注8）公有水面埋立法＝海や河川など、公有地の埋め立てに関する法律。工事者は竣功許可の告示日から10年間、その権利を有するが、登記の義務はない。

3

週明けの月曜日、松江理事から関空会社のコメントを受け取った。

「2期島の未供用地については、鋭意工事を行っており、現在は今年度予算措置に基づき護岸の嵩上げ工事を実施しているところであり、報道のように『課税を免れる狙い』で『完成を先送り』しているような事実はございません」である。

大阪府の市町村課から電話があったが、記事以外の情報はないと伝えた。新田谷市長から情報が出ている気がすると付け加えた。

次いで、今西係長に聞かれた。

「課長、みなし課税やるんですか」

「みなし課税ってどういうときにできるのかも知らないのに、判断できるわけがない」

「前に昼馬さんが調べていましたけど、できるわけがないですよ」

「わかった。前の資料を探してみる」

昼馬は前任の税務課長で、固定資産税の経験が長かった。

みなし課税とはどういうことか、言葉のイメージや新聞の解説記事で大まかなことはわかる。昼馬が残した資料は条文のコピーだけだった。それにもかかわらず今西係長は「できるわけがない」と言うのだから2人で相談したのだろう。こう言われると私は今西係長に聞きづらくなり、ひとまず条文を読んだ。長いひとつの文で、読んでもわからない。呆れて文字数を数えた。636字だ。それだけで簡単に理解できないと思った。私は解説書を読みながら長文を攻めた。

みなし課税にはさらに課題があった。泉佐野税務署管内の税務課長会議に行ったとき、泉南市の課長から「泉佐野市はみなし課税を検討しているらしいけど、泉佐野市がやるときはうちもやれと言われているんで、情報提供、頼むで」と声をかけられた。田尻町の課長も「うちも一緒によろしく」と笑顔で会釈した。

空港島の所在地は泉佐野市、泉南市、田尻町の2市1町で、空港の建設が始まった当初から、2市1町は空港に課税する際は何でも協議することになっていた。

泉佐野市がみなし課税を行うならば泉南市と田尻町に連絡して調整しなければならない。私は検討していないと言いたかったが、最近の新聞報道を説明する気もなかった。

「わかりました」

と会釈を返して正面の税務署長を見た。

数日後、松江理事から連絡があった。

「新聞報道がありましたので、9月議会の前に打ち合わせをしなければなりません。泉谷副市長の部屋に集まってください」

副市長室に入った。泉谷《いずたに》副市長と山田（仮名）副市長が上座に座っていた。

山田副市長が会議を始める。

「この間、朝日と読売に報道されたことで、国が約束した支援や2月に策定した健全化計画はどうなるのか議員も注目しています。9月議会では対応が求められると思います。それに向けての情報の整理や方針の打ち合わせをしたいと思って集まっていただきました」

当時、泉佐野市の副市長は二人いた。一人は泉佐野市職員出身の泉谷副市長で、もう一人は、大阪府職員の山田副市長である。山田副市長は、国交省の支援文書が出た2か月後の平成21(2009)年4月に就任した。関西空港やりんくうタウンの諸問題を担当している。

泉佐野市に来て1年半になるが、私はほとんど面識がなかった。

山田副市長は続けた。

「2期島の埋め立て工事は、現在継続中です。これが年内にできるかどうかは新聞に報道されたとおり微妙なところがあります。ただ、国交省は努力すると言っています。これが遅れた要因には、お恥ずかしい話ですが、大阪府が予算の執行を留保したことも影響しています。橋下知事がストップしたんです。我々が泉佐野に来る前の話なんですが。これは今年の1月末に解除されて工事が始まりました」

国交省の航空局長が支援を約束した文書を泉佐野市に出した直後、大阪府は2期島工事の大阪府負担分を予算化する決定をした。同時に橋下知事はその予算の執行を留保すると表明した。その留保が今年1月末に解除された。

大阪府の「予算の執行を留保」や「橋下知事がストップ」を口にするときは、ペコペコと頭を下げて恐縮した態度で話す。

（人懐っこい雰囲気の人だ）

私は初対面に近い副市長を観察した。

山田副市長が話す。

「泉佐野市としては、あくまでも年内の竣功を求めていくんですが、もし仮に年内竣功ができなかった場合は、それに代わる補填策を国交省に提示させなければなりません。向こうの提案を待っているだけでは、ずるずると時間が過ぎることも考えられます。ですから、こちらから案を示して攻める必要があると考えます」

税務課長の私は、埋め立てが完了した土地を評価するのが仕事だ。その準備がある。

「年内に竣功できるかどうかを、はっきりさせた方がいいんじゃないですか」

山田副市長が答える。

「国交省は努力すると言っているんで、そればっかりを追及するのは得策ではないと思います」

私が首を捻っていると松江理事が話しだした。

「関空会社は年内に竣功する気がないという記事があります。大阪府から関空会社に派遣されている職員に社内の事情を聞いたところ、当然これは関空会社の公式な見解ではないんですが、年内に竣功できるかと聞かれたら、できないと答える雰囲気らしいです。むしろ、早く聞いてもらって、できないと言いたいのかもしれません。それと、この件は泉佐野市と国交省の問題だということも公式に言いたいのでしょう。もし、今、泉佐野市が国交省を飛び越えて直接聞いたとしたら、国交省は後ろに引いて、今後は関空会社に直接聞いてくださいと言いかねません」

松江理事は、山田副市長と同じ平成21（２００９）年４月に大阪府から派遣され、関西空港やりんくうタウンを担当している。

大阪府が泉佐野市に職員を派遣するようになったのは昭和54（１９７９）年からで、空港建設が具体化し、工事が進むに伴って派遣する人数が増えた。昭和59（１９８４）年に初めて助役ポストに派遣された。途中6年ほど中断したが、副市長と名称が変わった現在まで続いている。空港対策担当理事は昭和61（１９８６）年に派遣が始まり、まちづくり調整担当理事に名称が変わって現在まで続いている。彼らのほとんどが2年で府に戻る。

府から派遣された職員は空港に関連する業務を担当してきた。連絡橋が国有化されたときも府から派遣された副市長と理事が担当した。

国交省が泉佐野市に提出した支援文書には、関空会社に2期島の埋め立てをさせると書いてあった。それなのに関空会社に進捗状況を聞くことができない。松江理事の発言は、この文書に欠陥があるように聞こえた。

山田副市長が言った。

「年内に竣功されなかった場合の泉佐野市の対抗策ですが、新聞に書かれていたみなし課税も検討が必要です」

みなし課税という言葉に驚いた。流れが理解できない。

「新聞を見て思ったんですが、みなし課税ってどこから出てきたんですか。うちの今西係長はできるわけがないと言っています」

　山田副市長が言った。

「検討した結果できないというのはあると思います。新聞にも書かれていますんで、みなし課税はどうかと聞かれることもあると思います。ですから、検討しておいた方がいいでしょう。国交省の関空監理官と1月に大阪府が執行留保を解除する話や工期の話をしました。その時、工事が未完了でも竣功扱いにする手もあると関空監理官が話しました。それを当時の昼馬課長に確認したら地方税法のみなし課税でした。次いで、7月の促進協で立ち話をし、みなし課税の調整をお願いしたら、今度はそんな気はないという対応でした。

　みなし課税は国交省が言いだしたことで、もし年内の竣功が実現しないなら、泉佐野市はあらゆる手段を使って補填を実現しなければなりません。ですから、みなし課税も減収補填の一つの案だと思います」

　初めて聞く経過だ。「関空監理官」や「促進協」といった聞き慣れない言葉があってよくわからない。ただ、みなし課税は半年以上も前から税収を確保する候補だったような言い方だ。

　後で知ったことだが、関空監理官とは、国土交通省航空局関西国際空港・中部国際空港監理官が正式名称、だがどの程度の偉いさんかは知らない。促進協とは、関西国際空港全体構想促進協議会が正式名称で、関経連会長や大阪、兵庫、和歌山の知事や政令指定都市の市長、関空会社の社長が集まる場のこと。

　2期島の埋め立てを完了する約束がある。国交省の関空監理官は泉佐野市と話をしなければならない。泉佐野市から工事の遅れを追及される。それを乗り切るためにみなし課税を仄めかした。そうしなければ他の案を用意するよう求められる。

山田副市長は、国交省が言だしたのだから調整も国交省が行うのが当たり前と考えていた。その後、促進協で、たまたま出会った関空監理官にその話をしたら断られた。

副市長室の会議に初めて参加した。私が一番下っ端だ。泉佐野市の役職は私を基準にすると、課長・参事の課長級、その上が部長・理事の部長級、その上は市長・副市長・教育長の特別職だ。

下っ端で経過がよくわからなくても、今西係長ができないということを引き受けるわけにはいかない。

「みなし課税ができる条件を地方税法の条文で説明するとわかりにくいので、読売新聞の記事で説明します。埋め立て地の場合、利用実態があれば、都道府県による竣功認可が出る前でも、土地が完成したとみなして課税できる制度で、造成期間が長期間に及ぶことが多く、認可前から一部が利用されるケースがあるため作られた。総務省固定資産税課は『実際に課税可能かどうかは各自治体の判断』と説明。納税者側は課税に不服がある場合、その自治体に対して行政不服審査法に基づく不服申し立てができる、ということです。

この利用というのが、地方税法の条文でいいますと、工作物を設置し、その他土地を使用する場合と同様の状態で使用されているということです。あの１３４ヘクタールがそんな状態だと言って関空会社が納得するはずはないし、泉佐野市がみなし課税をやるのならば泉南市と田尻町は一緒にやると言っています。そうなったとしたら、泉佐野市だけの収入増ではありません。関空会社は泉南市と田尻町の分の税負担も増え、一層反発すると思います」

みなし課税の検討は時間の無駄という思いで私は話した。

「泉南、田尻のことはひとまず置いておきましょう」

山田副市長に軽くいなされた。

泉谷副市長が面倒なひと手間を追加した。

「顧問弁護士に相談した方がいい」

弁護士に相談してもどうにもならないという「勘」が働くが、どうにもならないとは言い切れない。

山田副市長が会議をまとめた。

「市町村課にも相談してください。顧問弁護士の法律相談もお願いします。それとみなし課税を行う条件を整理してください」

打ち合わせ会議は終わった。

予想外の展開にイライラした。会議で何も話さなかった同年代の丹治市長公室長の所に行った。

「どうして何も話さないんですか」

「何も話すことなかったやろ」

言われてちょっと考えた。確かに、と思った。

泉佐野市の財政は破綻寸前だった。平成20（２００８）年度決算が発表された昨年9月に財政健全化団体になることが確定した。平成21（２００９）年度から財政健全化計画を立てなければならず、年度末ぎりぎりの今年2月に策定した。

空港2期島の埋め立てから入る税収は財政健全化計画に織り込まれている。それが計画を立てたばかりなのに入らないかもしれない。

丹治市長公室長は財政健全化計画の進捗管理が担当だ。国交省は2期島の竣功に努力していると担当が言えばそれ以上の口出しはしない。

丹治市長公室長のひと言で少し冷静になった。

（打ち合わせ会議に臨むおれの準備不足だったか）

「松江理事から連絡がきたら2期島の評価をしたらいい」

前任者からの引き継ぎだ。そのとおりにしていたら、みなし課税の検討を指示された。尻に火が付いた気分だ。知らないことが多く、「何故こうなったのか」と振り返る余裕はなかった。

みなし課税を検討するということは、国交省の支援文書がなかったに等しい。「なかったに等しい」は言い過ぎかもしれないが「なかったに近い」

できもしないみなし課税を検討するのだから、そのうち、空港連絡橋利用税も再び検討するかもしれない。

「昼馬さん、全然話が違うじゃないですか」

私は退職した前任者に愚痴を零した。

私の〝当たりくじ〟だった税務課長の席は、今や完全に〝貧乏くじ〟に変わった。

繰り言を言いながら、やらなければならないことを考えた。

みなし課税の資料を探さなければ。空港連絡橋利用税の資料を読まなければ。そもそもの法定外税のことも勉強しなければ。連絡橋が国有化された経過を頭に入れなければ……。あれもこれもやらなければならないと思うと、心臓の鼓動が速くなった。

泉谷副市長がやってきた。

「竹森君。できないことはできないと、はっきり言わんとあかんで。みなし課税はほんとにできるのか」

「無理だって言ったでしょ」

「検討することになったやろ」

「いきなりテーブルに載せられて、闇討ちもいいところです。無理って言うたつもりなんですが。副市長も助けてくださいよ」

「おれも何か言おうと思ったんやけどな。担当がもうちょっと言うてくれたら、口を挟みやすかったんやけど」

「あんな会議に出たのは初めてだったんで、気後れしたかもしれません。みなし課税の話になるとは思っていなかったし、聞いていて他に方法はなさそうな気もしたし、あまり強く言わなかったと言われればそうです。今度からはもっとはっきり言います」

「できるんならいいけど、できないならできないと、はっきり言うたら。その時はみんなでまた他の方法を考えることになるんやから」

（できないって言うたでしょ）

心の中で呟いた。

「わかりました。次からは気を付けます」

「よろしく」と言って、副市長は戻っていった。

(今日はもう疲れた。職場を出て気分を変えなければならない)

午後6時に帰宅した。玄関を開けるとニャーと声がした。玄関を上がったところに飼い猫のココがいた。ココの目が私の目を見ている。

靴を脱いで上がるとココが纏わりついてくる。

近所に暮らす義母が来て台所の片づけをしてくれていた。

「おかえり。ココがニャーニャー言うけどご飯をやっていいかわからんかったから、お父さんが帰って来るまで待ってって言うていたんよ」

「ありがとうございます。ぼくがやります」

台所の近くでキャットフードをいじっていると義母が話しかけてきた。

「最近、関空のこと、新聞に載ってるけど、知ちゃんの仕事のことと違うの」

「そうやねん。いきなり新聞に出てびっくりしてんねん」

家で仕事の話はしないように心がけていた。妻が同じ市役所で働いていたので職場の延長のような気持ちになるからだ。普段の義母は泉佐野市の話をしない。しかし、新聞に載ったときは私を気遣いながら聞いてくる。

深入りしない程度に聞いてもらうだけでありがたい、気持ちも落ち着く。

「国も約束守らんてなあ」

「そうやで、国の局長がハンコついた書類があるんやで。局長って、大臣、次官の次やで」

「知ちゃんも大変違うの？」

「これからどうなるかわからんけど、思っていたより忙しくなりそう」

「税金入ってこんかったら、泉佐野市は大変なんやろ」

「埋め立ての税金が入ってきても倒産寸前やのに。入らなかったら余計に大変やわ」

「難しいことはわからんけど。殺生やなあ」

ご飯を食べ終えたココが私の周りをうろうろし、纏わりついてきた。義母に「うん」と返事するのを忘れ、飼い猫に奉仕した。

4

しばらく前に無理と言われたことだが、まずは相談するしかない。気が引けた。ため息をついた。

「今西君、みなし課税のことなんやけど。やる気は全くないんやけど、検討することになった、というかできない理由を整理することになったんやねん。みなし課税ができない理由は何やろな」

「関空会社が了解しないでしょ。埋め立て中の土地は何にも使っていないでしょ。前例ないでしょう。たとえ関空会社がいいと言っても、市には課税庁としての説明責任があるでしょ」

「ちょっと待って」

今西係長が早口で話しだした。慌てて今の言葉を頭にインプットした。

「他にもいろいろありますけど」

「わかった。今はこれくらいでいいよ」

今西係長にとって、みなし課税は箸にも棒にも掛からないようだ。

「国交省と喧嘩するだけならあんまり巻き込まないでください」

「わかってる。おれが考えるから相談に乗ってや」

「わかりました」

席に戻り、今西係長が言った言葉をもう一度呟きながらメモをした。それから条文を読んだ。

航空写真や2期島の資料を見た。

ナスカの地上絵のように大地に模様が描かれている。メインとなる滑走路は直線。その横にたくさんの曲線がある。緊急脱出路とか誘導路とかいうらしい。

2期島の滑走路の供用が始まったとき私は税務課にいなかったし、たとえ税務課にいたとしても今のように国交省と喧嘩をする姿勢で仕事はしていないだろう。

みなし課税は無理だと思っても、国交省との争いにいつの間にか巻き込まれていた。

2期島は何故部分竣功になったのか、竣功している部分と竣功していない部分の役割の違いは何か、正確に知っているはずがない。

仮に、海の上に2期島の滑走路だけがあったとしても、今のように供用できるのか。素人の想像でしかないが、竣功していない陸地が滑走路を守っている気がする。あの陸地に飛行機が入ることはあるのか、それとも非常時といえどもあの荒れ地に飛行機が入ることは海上に着水することと同じくらい危険なのか。

勝手にストーリーを描く。

課税庁としての説明責任も考えなければならない。

固定資産税は土地や建物に対して行政が一方的に課税する仕組みだ。税金を納めなければならない人が自ら計算した書類を提出して税金を納める所得税とは違う。行政からこれだけ払えと言われるのが固定資産税だ。納めた税金あるいは納めるべき税金が正しいかどうかを、税務署が納税者に説明を求めるのが所得税で、納税者が行政に説明を求めるのが固定資産税だ。常に公平な課税をやっていると胸を張るならば、2期島のみなし課税は正しいと誰に対しても説明しなければならない。固定資産税では特に課税庁としての責任という言い方をする。

何日か考えてから松江理事に話し、一緒に山田副市長に説明した。前回の会議では遠慮してあまり言わなかったことを反省し、今回はみなし課税は無理だということ、訴えられたら負けるということを何度も繰り返した。

8月30日の月曜日、朝日新聞にまた載った。

カット見出しは「関空2期、税金払って」で、主見出しは「泉佐野市『造成、実態は完成』」だ。

カット見出しの下のリードを読む。

関西国際空港会社が埋め立て工事の完成をストップさせている関空2期島の一部用地について、大阪府泉佐野市が「事実上完成している」と判断し、来年度から固定資産税を徴収する「みなし課税」に踏み切る方針を固めた。

本文を読む。これまでと同じような記事が続いた後、
泉佐野市は「未完成とされた土地は運用中の第2滑走路に面しており、滑走路を守る役割を果たしている」と判断。237ヘクタールのうち、完成すれば同市域に組み入れられる134ヘクタールについて、造成中の土地でも利用実態があれば固定資産税を課すことができるみなし課税の規定を適用する方針を決めた。税額は年約6億円に上るとみられる。

もう間違いない。情報源は新田谷市長だ。こっちの話したことがすぐに記事になる。

「情報源は市長だろうな」

松本課長代理に同意を求めた。

「私もそう思います。前に聞かれたときは言いませんでしたが、2年前も記者に話して記事になって

いたようです」

「税務課としては迷惑だよな」

「ええ、市長が言うているのに、税務課がみなし課税は無理ですって言えませんからね」

松本課長代理と話していると、府の市町村課から電話がかかってきた。

「また、記事出ましたね。泉佐野市はみなし課税をやるんですか」

「8月1日、13日、そして今日30日と3回続きました。情報の出どころは市長かなという気がします。本人には、確かめようもないですが。みなし課税はできると思っていませんが、検討することになりました。検討の第一歩として大阪府に相談することになりましたんでよろしくお願いします」

この1か月、立て続けに話していて私の口は軽い。

「府には既に相談したことになっていましたね」と市町村課も軽く応じてくれた。

「府に相談していると新聞に書かれた後で相談する流れで、そちらも相談されても言うことはないと思いますが」と続けた。

「我々は市町村からの相談を受けるのが仕事ですから構いませんよ。今回のみなし課税は新聞に載ってから少し調べてみました」

そう言って古い前例があると教えてくれた。

「みなし課税の方針を決めたと新聞に載っていますので、大阪府にも電話があると思います。そのときはよろしくお願いします」

電話を切った。

次は市の顧問弁護士に相談だ。９月議会の合間を縫って、坂田《さかだ》総務部長と地下鉄淀屋橋駅の北の御堂筋沿いのビルに向かった。

相談したいことは数日前にＦＡＸをしていた。

「いやあ、行政の顧問弁護士をしていると、税の実務の話まで出てくるんですね。事務所に税法がなかったので税務六法を買いに若い者を走らせましたよ。暑いのに大変でした」

高階《たかしな》弁護士は下調べをしていた。

「条文を読むと使用という言葉が大事やな。対象の土地はどういう状況ですか」

持参した地図を広げ、大阪湾や泉佐野市、関空１期島と２期島を指し示しながら、これまでの経緯を説明した。対象の土地は１３４ヘクタールの原野で、時々ごく一部がイベントに使われていると説明した。高階弁護士は丁寧に現状を確認してくれた。

「一部を一時的に使っていることで１３４ヘクタールの全部を使用しているとするのは、どうかなあ」

こんなことも言った。

「何もしていない今の状態が滑走路の使用に何らかの役割を果たしている、そういうことはないのか、空港や航空政策の専門家に聞いてください」

これが高階弁護士の助言だった。

事務所を出るとすぐに口を開いた。

「空港や航空政策の専門家って誰でしょう」

坂田部長が言った。「そりゃ、国交省や関空会社やろ」

「国交省や関空に相談できないから、法律相談に来たのに」

坂田部長にぼやいた。

「仕方ないよ。法律相談に行けと言われて来たんやから。空港のことが弁護士にわかるわけないやろ」

空港や航空政策のことを相談できる専門家は見当たらない。みなし課税はさらに遠い目標になった。

高階事務所を出てから近くで昼食をした。暑さも避けたかった。

坂田さんはこの4月に総務部長になった。それまでは2年前の平成20（2008）年に連絡橋の国有化を巡って国交省とバトルをしたときから今年3月まで市長公室長だった。

私は坂田部長に、国交省との交渉の経緯や関空のこと、市の財政のことなどいろいろ訊きたかった。

「2期島の竣功は関空会社も了解のはずだったんじゃないんですか。関空会社とは直接約束していませんけど、局長文書に載っているから実質は約束したのと同じでしょ」

「局長文書を書いたときは自民党政権だったけど今は民主党政権やろ。関空補給金も90億円から160億円に増額する概算要求をしたけど、事業仕分けに遭って75億円に減らされた。局長文書が出た後の1年半で大きく変わったからなあ」

関空補給金とは、経営改善を目的に国が関空会社に支出しているお金だ。

「政権交代を理由に約束が履行できないと言われても堪りませんね」

「泉佐野市が受け入れられるはずはないよな。何としてもやってもらわないと。関空会社の社長が代わっているのも影響しているよ。局長文書のときの村山さんが今も社長だったら関空会社も知らないとは言えなかったやろ。他の件で関空会社とやりあったけど、新しい福島さんを支持していない連中が社内にいて、福島さんの立場は社内で弱いって見方があったな。泉佐野市が2期島の埋め立て免許に同意してから関空会社の態度は変わったよ。もう泉佐野市に頼むことはないからな」

約束は「履行するもの」と私は思っていた。それなのに航空局長の約束はいつの間にか「履行させるもの」に変わっていた。こんな理屈がまかり通るなら「約束は守るもの」ではなく「約束は破るもの」になってしまう。権謀術数の渦巻く戦国時代、下剋上の時代のような理屈だ。今の時代にあっていいはずがない。いつ、どのような経過で変わったのか、半年前まで市長公室長だった坂田部長から聞きたかったが、期待外れだった。

2期島の年内竣功に向け努力する、約束の履行に努力するとか言いながら、ずるずると約束が反故にされようとしている。何故そうなったのかということはわからないままで。

そもそも平成21（2009）年2月の航空局長文書は不平等だと私は思っている。泉佐野市は利用税条例をすぐに廃止した。一方、国交省は1年以上も先の今年中に埋め立てを完了する約束をした。条例を廃止したときから泉佐野市は約束を履行させる立場だったのかもしれない。

（不平等な約束か）

この言葉で『真田太平記』のワンシーンが浮かんだ。

徳川の使者が真田の城へ来て家康の言葉を伝えた。下座の真田昌幸はひれ伏して拝聴する。

「沼田の地を北条へ引き渡すべし。その替え地は、いずれ明所《あきしょ》ができ次第、我らから差し上げる」

それを聞き終えた昌幸演ずる丹波哲郎は、ふっふっふっふっと笑い、

「いずれ明所ができ次第じゃと、このようなことは、かつて聞いたことがない」と徳川の使者を追い返してしまう。

不平等な約束を断った真田、受け入れた泉佐野市。

そんな比較をしても何の意味もない。


9月議会が始まった。国交省は約束を履行するのかという質問があった。約束を実行させたい思いは市も議員も同じだ。質問はすぐに励ましと要望に変わった。

控室で議会の進行を聞いていた。一生懸命聞いているはずなのに、スピーカーの声がいつの間にか子守唄になってしまう。

「来年の府議選、現職はもう動いているみたい。大物が出るらしい」

近くの肉声で意識が戻った。議会中の控室で選挙の話をする管理職がいる。次の選挙に誰が出る、誰が出ないという話だ。私は関心ないが仕事に影響する職場もあるのだろう。

私は「もうそんな時期か」と思い、また睡魔に襲われた。

9月議会が終わり、新田谷市長にみなし課税を検討した中間報告をする。泉谷副市長室に集まるメンバーで市長室に入った。みなし課税の条件を整理したと言いながら、私はできない理由を挙げた。

続いて山田副市長がポイントをまとめた。

「みなし課税が円滑に行えるよう国交省に調整を求めます。みなし課税をやって関空会社から訴えられると負ける可能性が大きいからです。関空会社が訴えないという担保を取る必要があります。また、マスコミは総務省の判断を聞くでしょう。その時に総務省が問題ありと言わないように調整してもらわなければなりません。あと、みなし課税の税額を計算するためには埋め立て地の図面が必要だと税務課から聞いております。これも国交省から関空会社に要請してもらわなければなりません」

私が並べた理由は実現するための条件と国交省への要請に変わった。あくまで関空会社に対しては直接は言わない。

報告は予想どおりと言わんばかりに新田谷市長が話す。

「わかった。国交省にはそんだけ言うてや。それで国交省がなんと言うてくるかはわからんけど。おれもみなし課税が簡単にできるとは思ってない」

新田谷市長は続ける。

「国交省に約束を履行させるか、他の策を出させなあかん。こっちとしては、みなし課税以外も考えとかないかんな。みなし課税がだめやったら空港島に超過課税（註9）したらいいんや。関空会社以外の納税者が反対するんやったら、そこの税金は返すんや。空港島が無理やったら連絡橋に超過課税するんや。それもだめならもう一度利用税や。航空局は利用税を検討されるのが一番嫌やからな。あれもあかん、これもあかんばっかり言うんやったら、元に戻ったらいいんや」

山田副市長が応じる。

「国交省は利用税だけは言わないでくれと頼み込むような調子で言ってきます。ですから、市としては、そこを追及する余地は残っています。利用税をやるぞと、我々が打ちだしてほしくないなら、2期島を竣功させる、もしくはみなし課税や超過課税を何とかしろと投げてみます。引き続き、あらゆる方法を視野に入れてやってゆきます」

市長が「うむ」と言ったのを合図に全員部屋を出た。


（註9）超過課税＝地方税法で標準課税が定められている税目（租税の種目）について、地方公共団体が条例で定めて、標準を超える税率で課税すること。

5

10月になった。時々、泉谷副市長室でいつものメンバーの会議がある。元々、2期島を年内に竣功させるための会議だったのに、いつの間にか税の話ばかりになっている。

私一人が戦いのリングに上げられ、他の人は指示を出すセコンドだ。自分の置かれた状況がそのようにしか見えない。

しかも、どの話も実現できそうにない。

国交省に要求したみなし課税の調整が報告された。年間5億円は高すぎる、もっと安くならないかという内容だ。しかも、税額を低くしたら関空会社は不服申し立てをしないのかという肝心のところがない。肝心かなめを欠いた話は拒否したいが、これを突っぱねて次の案を引き出せなかったら元も子もない、という意見が出る。公平かつ適正に税金を計算することを旨とする税務課にこんな話は持ち帰れない。私は付き合いで聞いておく。

2年前の平成20（2008）年7月、空港連絡橋利用税の検討委員会で無理だという結論が出た超過課税も検討課題として蘇った。空港島だけの固定資産税を高くして連絡橋の国有化で減少した関空会社の税金を増やす方法だ。しかも今回は、関空会社以外の税金を返す方法を考えろというおまけ付きだ。そんな都合のいい方法は容易く思い付くわけがない。しかし、市長の妙案なのでみんなで考えるしかない。できないと思っても考えるしかない。

連絡橋だけの税金を高くすることも検討課題になった。連絡橋から入る税収を増やすなら利用税を復活すればいいという意見が出る。しかし、利用税を導入するには総務大臣の同意が必要だが、税率を高くすることは市の判断で実行できる。

利用税の実現には新たな課題があった。

2年前は通行料金の引き下げと同時に始まることを目指した。普通車の通行料金が1500円から800円になるときに150円を課税する。利用者は税を負担しても値下げになった。

連絡橋は昨年4月に国有化され、通行料金は引き下げられた。今後、利用税を導入すれば利用者の負担が増えるだけだ。

さらに、利用税を導入するときは法定外税（註10）検討委員会を開催して意見を聞いた。しかし利用税条例を廃止するときは検討委員会に諮らなかった。

身勝手だ。

もう一度検討委員会を開くことは失礼極まりないと私は主張した。そうなると、橋でやられた税金は橋でやり返せとばかり、連絡橋だけの超過課税が次の課題になった。

私に新しい指示が出る。連絡橋の正確な範囲はどこからどこまでだ。阪神高速道路や空港連絡道路、南海電鉄、ＪＲ西日本との境界はどこだ。関空会社に聞いたらすぐわかることを調べる。私が調べる。

（それがはっきりしてもどうにもならないのに）

私はリングの上で袋だたきにあっている気分で指示を聞いた。


国交省への対抗策を探すうちに時間は過ぎてゆく。

10月下旬、今西係長が寄ってきて小声で言った。

「市長が辞めるって本当ですか」

「知らない。今初めて聞いた。どこで聞いたの」

「いや、それは言えないんで。違うんかなあ。失礼しました」

今西係長は離れていった。

みなし課税や超過課税の検討を次々と指示する新田谷市長が辞めるはずがない。何かの間違いだろう。

10月の終わりになり、泉谷副市長室でいつもの会議があった。

山田副市長が今の状況を確認する。

「今年もあと2か月です。すぐに12月議会が始まります。国が約束した2期島の年内竣功は実現困難な状況です。このまま、できませんでしたと言って、議会に臨むのはあまりにも無様です。2月に作った財政健全化計画に早くも穴が開くことにもなります。どうするか、皆さんのお知恵をいただきたくお集まり願いました」

無様とか知恵を出せとか言われても、私は未だにどうしてこうなったのかさっぱりわからない。誰も何も話さない。お通夜のような雰囲気だ。

松江理事が気を利かせて国交省との協議の経過を報告した。報告と言えるほどの内容はない。話し終わると再び重苦しい空気に戻った。

堪りかねて私は口を開いた。

「このまま年を越したら支援の約束はどうなるんでしょうか」

「約束は果たされていないんですから、そのままでしょうね」と山田副市長が答えた。

「履行されなかった『過去の約束』にはならないでしょうね」

「泉佐野市がそれを許すはずはありません」

「そうですよね。国交省にまた文書を求めたらどうですか」

「今の時期に文書を出させるのは効果が低いでしょう」

その場しのぎになるし、相手に少しだけ汗をかかせることができると思ったのだが。

また沈黙が始まる。

山田副市長がゆっくりと口を開いた。

「今、国交省に文書を出せと言ったら、出すんじゃないですか」

私は尋ねた。

「前と同じ局長印を押した文書ですか」

「ええ、局長印のある文書を出すと思います。私が国交省の立場なら、むしろ喜んで出すと思います」

山田副市長の確信に満ちた発言は行き詰まった会議にあまりにも似合わなかった。参加者を見回すと、そのとおりだという顔が並んでいた。行き詰まった空気の中で大した価値のない見解の一致だ。私は思わず吹き出してしまい、下を向いた。心の中で「この笑える状況は何だ」と叫んでしまった。そしたら、『真田太平記』が浮かんだ。

本能寺の変の後、諸大名の間をのらりくらりと泳ぎながらお家の存亡を画策していた真田昌幸が、徳川に近寄っていたときのことだ。上州沼田城を譲り受けることを徳川から約束されていた北条が、再三の催促にもかかわらず徳川が約束を履行しないことに業を煮やし、昌幸の所にやってきた。徳川との約束を盾に真田が支配する沼田城の明け渡しを求めた。

徳川と北条の約束はあったとしても、徳川から沼田城明け渡しの要請はないと踏んだ昌幸は北条の要求を突っぱねた。『真田太平記』ファンおなじみのシーンだ。

泉佐野市が北条で、国交省が徳川、関空会社が真田の立ち位置だ。

北条泉佐野市が徳川国交省に約束の履行を迫ると、徳川国交省は「やる、やる」と言いながら履行しない。さりとて、泉佐野市は北条のように、真田関空会社に迫らない。北条が真田から知らぬと言われたように、関空会社から知らぬと言われかねないからだ。「約束をしたのは泉佐野市と国交省だ」と言う真田関空会社の言い分が新聞に載っていた。

何とかして約束を履行させようとしてきた北条泉佐野市はジリ貧に陥ってしまい、徳川国交省に再び念書を書かせようというのだ。

11月15日付で回答がきた。国土交通省航空局長の記名押印文書だ。

（一）関西国際空港2期島未供用地の護岸整備については、昨年度より順次事業を行っているが、関西国際空港株式会社からは、同未供用地を今年中に竣功することは難しいと聞いている。

（二）来年度以降の補填の手段については、今後、関西国際空港株式会社と協力し、検討して参りたい。

国の本省の局長が記名押印をした極めて簡素な文書だ。

昨年2月2日の文書と比べると何と内容のないことか。

局長印は泣いていた。

航空局長の文書が泉佐野市に届いた頃、今西係長が今度は普通の声で言った。

「やっぱり、辞めるみたいですよ」

新田谷市長のことだ。本当なら席で調べものをしている場合じゃない、確かめに行こうとしたところに坂田部長がやってきて、私の横に並んで座った。

ひと息ついて淡々と言った。「市長が辞める」

私は「そうですか」と応じたが、頭の中から沸々と何かが湧いてきた。

みなし課税、超過課税、道路に課税する法定外税、連絡橋だけの超過課税。どれひとつとして前例がない。ひとつを調べるだけでも大変なのに、一遍に命令された。命令されていないが、空港連絡橋利用税や法定外税のことも勉強してきた。

前例のない業務は今西係長に相談しながら進めざるを得ない。しかし、実現することよりも喧嘩すること自体が目的のような仕事に彼の手を煩わせたくない。必然、私がやるしかない。

市長という立場は、船なら船長で、城なら城主だ。職員は船員で、家来か領民だ。新田谷市長が辞める。理由はわからないが「逃げた」、財政再建に「疲れた」と直感した。

今まで一生懸命やっていた作業は一瞬にして無意味になった。机の上の書類が目に入ると余計に腹が立った。

ペンも書類も放り出して家に帰りたかった。無意味な仕事を忘れたかった。ビールを飲んで、ゲームに没頭したかった。馬鹿らしい。ほんとに馬鹿らしい。捨て石のように使われた気がする。

馬鹿にするのもいい加減にしろ。

数日すると、新田谷市長が来年の府議選に出るという情報が入ってきた。

府議会議員が市長選に出る話はあるが、市長が府議選に出るなんて話、聞いたことがない。私の「逃げた」との評価は変わらない。有権者の支持を集められるはずがない。

松江理事のところに、打ち合わせに行ったついでに確認した。

「数日前、『新田谷市長が府議選に出るって本当ですか』って国交省から電話で聞かれました。初めて聞いたような対応をしましたけど、霞が関まで話は広がっているんですね」

松江理事はとっくに知っていた。

11月19日、自宅で夕刊を開くと「府議選出馬の意向　泉佐野市長」と載っていた。私は見出しを見ただけで読まなかった。

「お帰り」

義母が来ていた。

「泉佐野の市長、辞めるんやてな」

「うん、僕も知ったのはちょっと前やねん」

「知ちゃん大変と違うの」

私の負担にならないよう気遣いながら聞いてくれる。それだけで私の疲れた心が少しだけ楽になる。

「関空の税金のことでいろいろあるし。いろいろやらされて、本人は辞めるんかって感じ。結局、僕は市長に命令されてやっていたわけやから、大変かと言われても大変なような、大変でないような。ただ、府議選に出るために利用されていたのかって気になる」

「体に気い付けてな。無理せんときな」

「ありがとう。政治の世界は知らんけど、府議より市長の方が格上やと思うし、市長が府議選に出るのは逃げ場を見つけた気がする」

話しながら首を回したら、私の顔を見て微動だにしないココと目が合った。

「僕は無理していないから。ありがとう」

義母との会話をやめてココにご飯をやり、その後も飼い猫に奉仕した。

（注10）法定外税＝地方税法で定められた税目以外で、地方公共団体が独自に条例を定め課税する税。法定外普通税と法定外目的税の2種類がある。

6

年内に2期島は竣功しない。新田谷市長は辞職して府議選に出馬する方向だ。一方、私はみなし課税と超過課税という二つの無理難題を検討するように指示されたままだ。やる気の出ない仕事が市長が辞職するという報道で一層やる気がなくなった。

しかし国交省に約束の履行を求めなければならない。財政健全化計画に盛り込まれた歳入の確保を図らなければならない。

12月議会は近づいてくる。

泉谷副市長室で会議が開かれる。

いつものように山田副市長が話し始める。

「12月議会に向けての打ち合わせと準備をいたしたく……」と話し始める。

話し合うことはほとんどないが、打ち合わせをする。

淡々と進む会議に私はイライラした。

しかし、私が一番の下っ端。手を開いて尻の下に置き、ゆっくりと息を吐いて耐えた。

誰も市長の辞職を話題にしない。

私はそれが我慢できなかった。

「市長が辞めるのに会議する意味があるんですか。市長が辞めることはこの会議に影響しないんですか」

「市長が辞めるという報道はありましたが、それはそれです。国交省に減収補填を履行させて、財政健全化計画に基づいて財政再建を行うという、泉佐野市の課題を進めていくのが我々に与えられた役目です。そして、それらが話題になるであろう12月議会が控えています」

もはや、市長が辞職を取りやめることは考えられない。なのに、それを考慮しないというのは腑に落ちない。その上で、また話した。

「泉佐野市は固定資産税の納税通知書、例年、ゴールデンウイークに送付しています。みなし課税や超過課税をやるかどうかは、最終的には市長の決断です。新田谷市長が来年4月の府議選に出るなら決断する市長がいません」

「課税決定の決断はいつまでにやらなければならないのですか」

山田副市長の質問に答えた。

「固定資産税は1月1日が基準日です。その時の現況をもとに課税します。3月末までが作業の期間で、泉佐野市はゴールデンウイークに納税通知書を送ります。これが基本の形です。超過課税は税率を変えるために条例改正が必要です。これは遅くとも3月議会で改正が必要です。ただ、1月1日以降に条例改正しても有効かどうかはさらに調べないといけません。みなし課税は課税する側の判断で行いますので、極端なことを言えば、次の5月では何もしなくても、固定資産税の期間制限、いわゆる時効は5年ですから、その後5年以内なら可能という考え方もあります。しかし、一旦、1月1日の現況に基づいて判断したことを、何も変わっていないのに何年も経ってから変更するのは関空会社とグルになってこっそりとやらない限りは無理でしょう、いや、グルになっても無理かもしれません」

市長が不在のときにみなし課税や超過課税を行うという尋常でない事態を想定し、敢えて尋常ではない考え方をした。

山田副市長がまとめるように話す。

「年内竣功は事実上なくなりましたが、来年中に竣功されるなら翌年度からの税収が確保できます。11月15日付で航空局長の文書も取っています。支援の方法が具体的に書かれておらず内容が後退したと評価されるかもしれませんが、泉佐野市を支援することは認めていますので、確保できなかった来年度の税収の補填を国交省に求めていくことになります」

山田副市長の説明に反論する気はなかったが、違和感があった。

(何となく奇妙だ)

新田谷市長は府議選に出るため市長を辞めようとしている。大阪府職員の山田副市長と松江理事は来年3月末に府に帰る。

その2人が12月議会で矢面に立つ。

連絡橋の国有化が発表されてからの泉佐野市は、過去の減免を取り消したり、空港島への超過課税を打ち出したり、みなし課税を匂わせたりしてきた。これらの交渉は体ごとぶち当たってきたという人間臭い表現が当てはまる。新田谷市長の心意気を感じた。

（今の難局にぶち当たっているのは誰なんだ）

今の泉佐野市にリーダーも船長もいない。近々下船する予定の2人が泉佐野丸の舵を握っている。

12月議会が始まる。

2期島が竣功しなかった要因を松江理事が説明する。大阪府が予算の執行を留保したために工事の着工が遅れたことをひとつの理由として話した。しかし、執行留保が解除された後も国交省は年内竣功に努めると繰り返した。結局、遅れた要因がわからないと答えた。

約束を履行しない国の態度を歯がゆく思うのは議員も同じだ。だから悪いのは国で、市はとことん追及されなかった。

同じ議会で、財政健全化の計画期間を19年間から7年短縮して12年間にすると報告された。

2月の財政健全化計画に対しては「財政破綻寸前の都市」という大きなマイナスイメージが19年も続くとして強い反発があった。

地方債や府の貸付金を返済する期間を今より長くする。これを国や大阪府が特例的に認めてくれる見通しが立ったからだ。借金返済の総額は増えるが、毎年の返済額が少なくなり、財政健全化の指標をクリアできる見通しだ。

それでも「財政破綻寸前の都市」のイメージは12年間も続く。泉佐野市と同様に財政健全化団体になった他の市町村は、いずれも5年以内の計画だ。7年短縮したとはいえ泉佐野市の12年間は突出して長い。


新田谷市長は、「市の財政再建のめどが立てば正式に表明したい」と発言していた。もし財政再建のめどが立ったとしたら、市長職を続ける選択が自然だと私は思うのだが、それがどうして市長職を辞める結論になるのか、私にはわからなかった。7年の短縮で財政再建のめどが立ったと胸を張ることができるのかもわからない。

12月議会で出馬表明はなかった。

7

平成22（2010）年の年末が近づき、私のところに松江理事がやってきた。

「国交省と交渉をやってきましたけどやられっ放しです。これではあかんのです。向こうが投げてくるボールを投げ返さなあかんのです。こっちからボールを投げなあかんのです。何でもいいから向こうに投げつけたいんです。こっちからボールを投げて国交省に考えさせなあかんのです。そやけど、そのネタが思いつかないんです。課長も一緒に考えてほしいんです」

今までと違う理事だった。

「それは理事の仕事でしょ」

「わかっています。でも浮かばないんで相談に来たんです。何でもいいんです。つまらないことでも。大きな石でなくても、何でもいいんです。小石ひとつでも、砂のひと粒でも、藁1本でもいいから、投げ続けなあかんのです。屁理屈でもいいんです」

やられっ放しの泉佐野市の中で府から派遣された職員はどんな気持ちなんだろうと思っていたが、松江理事も泉佐野市の職員と同じように国の対応を苦々しく思っていたのだ。

ただ、やられっ放しと言われても、あまり心に響いてこない。未だに私は、何故こうなったのか、過去の経緯を教えてもらった気がしない。やられっ放しは私の方だ、と言いたいが、口には出さない。

松江理事の言い方に人間臭さを感じた。

「藁1本ほどの屁理屈でいいなら考えてみますけど。期待しないでください」

国の役人を考えさせる藁1本ほどの屁理屈がほしい。アニメの一休さんを思い出した。

(国交省を困らせる屁理屈!)

ちょっと惹かれる、やる気の起こる言葉だった。

「先日の屁理屈、考えましたよ」

数日後、松江理事に伝えた。

「地方税法にはいくつかの超過課税の手法があります。ひとつは、標準税率を変えて市全体の税率を上げるやり方です。これはできるわけがないので対象外です。次は、全部の税率を一度高くした上で、一部を低くする方法です。法人市民税でよくやっている方法です。市内全部の固定資産税を上げて空港島以外を下げて戻すわけです。地方税法を読むとこういう方法も考えられるという程度で、実際は上げる理由も下げる理由も見つけにくいと思います。まして空港島だけの税率が高くなるという結果に突っ込みを入れない人はいないでしょう。やり方のせこさも浮かび上がります。次は一部だけを高くする方法です。二つ目と結果は同じですが、根拠にする地方税法の条文が違います。特別な利益がある場合に一部の税率を高くする不均一超過課税と言われるものです。問題はこの一部です。一部の納税義務者ではなく、一部の区域を指しています。まあ、これは解説書に書かれていることなので、納税義務者の一部の税率を高くしてはならないとは法律のどこにも書いていないという屁理屈もありますが、今までの法律解釈との整合性が悪すぎるので私の好みじゃありません」

ここまでが前置きだ。私はひと息吐いた。

「ここからが屁理屈なんですが、以前読んだ井上ひさしの本にこんなことが書いてあったんです。井上ひさし先生はあるとき、日本に地名はいくつあるかという疑問が湧いて、国土地理院に電話したりして調べたそうです。その記述の中に『渋谷の忠犬ハチ公前』という言い方を通称地名といって、この通称地名を含めると日本に地名は一体どれだけあるんだ、みたいなことが書いてあったんです。

これを参考にして、連絡橋は構造物だけど大地に固定されて地図にも載っています。だから、関空連絡橋は大地に固定された構造物だけれど、地図に載っている地名だから、関空連絡橋という泉佐野市の市域の一部の税率を高くするというのはどうですか。関空連絡橋は国有化によって固定資産税が安くなっていて泉佐野市から恩恵を受けていることを理由にするのです」

松江理事が聞いた。

「それでいけますか」

「これは屁理屈です。間違っているならその理由は何ですか、と返したらどうですか」

松江理事がまた「いけるの」と聞いたので、「これは屁理屈です」とまた返した。

年末最後の日曜日。毎日新聞が書いた。

「泉佐野市・関空会社に超過課税　通行税見送り……国交省容認」が見出しだ。

またかと思いながらリードを読んだ。

国土交通省が大阪府泉佐野市に対し、関西国際空港会社への超過課税を容認する方向で調整していることが関係者への取材で分かった。一企業に対する自治体の超過課税は異例。市は2期島造成工事の完成見送りで固定資産税が減収となることの対抗策として、条例を設けて独自に関空と対岸を結ぶ連絡橋に通行税を課すなどの「法定外税」の検討を進めていたが、超過課税で「減収分を回収できる」と判断、通行税を見送る方針を決めた。

もう驚かなかった。

本文を読むと、松江理事が先日の議会で使った資料を思い出した。

空港の運営権を民間に売って経営改善を図る政府方針を説明した資料だ。記事の本文は、民間が負担する運営権料に超過課税分を上乗せする方法が書いてあった。そうすれば国も関空会社も負担せずに済む。

（新田谷市長は国に投げつけるものを一生懸命考えているんだ）

ただ、今は、府議選に出るために、という気しかしない。

呼び出しがあり、市長室に行った。

「昨日、毎日新聞に載りました」

山田副市長が切り出すと、新田谷市長は、

「載ってたやろ。新聞記者を呼んでいろいろ言うたったんや。普通のことを言うても無視するからな。国交省が何も考えんからこっちで考えてやったんや」

12月議会は終わっていた。今朝の市長はよく喋る。正式表明はなかったが腹は決まっているからだろう。

泉谷副市長が口を開いた。

「いつ、取材があったんですか」

「家に呼んだんや。各紙の記者を集めて一席ぶったんや。どうしたらこの局面を打開できるかや。あんたらから何も出てこんからな。関空会社が超過課税分の負担できない言うんやったら、民間に負担させたらええんや。判断するのは国交省ではなく総務省や。国交省が総務省に相談する案を考えてやったんや」

私は以前からの疑問を出した。

「わざと竣功しないと考えているのですか」

「そうや、工事はとっくに終わっとるのに、何かと理由をつけてやっとるんや。元々の話はあと少しの工事で終わる、やったんや。国の予算がのうてもできると言うたんや。関空会社も了解しとったんや。それを府が予算を止めたから遅れるとか、国の予算がないとか、補給金を減らしたとか言うて。できるのにせえへんのや。今の社長は立場が弱いみたいやし。竣功しようと思えばできるんや」

何か言いかけた山田副市長を新田谷市長が遮った。

「あんたら、あかんとかできんとかばっかり言わんと考えいや。このままやったら泉佐野市は潰れてしまうんや。超過課税でも何でもやったらええのや」

沈黙の後、山田副市長が機を見て話しだした。

「2期島の竣功で固定資産税の減収が補填されることはなくなりましたが、来年度分の補填が時間的に間に合わなくなったわけではありません。連絡橋の超過課税の検討も含めて、国交省に2期島の竣功に代わる補填策の提示を求める必要があると考えています。回答の期限はいつにしたらよろしいでしょうか」

「2月半ばで伝えたらええやろ」

新田谷市長の指示を聞いて会議は終わった。

局長文書が出た後の昨年6月に関空会社は福島社長の体制になった。平成6（1994）年に関空が開港する前から関空会社は連絡橋の課税に反対だった。減免を続けなかったことも不満だった。関空会社や国交省は連絡橋の固定資産税でずっと泉佐野市と対立してきた。そして負けてきた。関空会社には国交省出身の社員が多くいる。彼らにとっては苦い歴史だろう。課税されたことで通行料金が高くなり、その批判を受けたのは彼らだ。そんな彼らが福島新体制になって勢いづいている。泉佐野市憎しと思う連中のせいで竣功しなかったと、新田谷市長は考えているようだ。

国交省に代わりの案を出させなければならない。12月議会は終わったが、すぐに3月議会が来る。来年度の予算編成もある。

4月の府議選も迫る。出馬表明を意識した回答期限の設定だった。

2月中旬、また市長室に集まった。

「国交省から電話があった。不均一超過課税は総務省の事務方が不適切と言っている。これが一つや。今年中の竣功や昨年中に竣功ができなくて穴が開いた平成23（2011）年度分の税収の補填は引き続き努力する。この二つが回答や」

「前の回答と変わっていませんね」

山田副市長の発言に新田谷市長が声を荒らげた。

「お前ら事務方の判断なんかどうでもええ。大臣の判断を聞いているんやと言うてやった」

国交省のゼロ回答に新田谷市長の怒りは収まらない。

山田副市長がやんわりと伺いを立てた。

「今後、どうしましょうか」

「こっちが求めているのは片山総務大臣の判断や。けど、国交省の奴らはこっちの言うことを真剣に受け止めておらん。舐めとんのや。国が聞かんのやったらマスコミに言うていかなあかん。世間や全国に泉佐野市のしんどさを訴えなあかん。これまでの交渉経過を全部オープンにして超過課税せんかったら泉佐野市は潰れてしまうって言わなあかん。東京行って会見して、泉佐野市を助けてくださいって頭下げて泣くくらいのこと、せなあかん。お前ら東京行って泣いてこい」

市政報告会を数日後に控え、すごい剣幕だ。

「国交省にもう一度回答を求めます」

山田副市長の声を合図に私たちは退出した。

「泣いてこい」という言葉の余韻が私の体に残っていた。


市長室を出たら泉谷副市長室に集まるように言われた。

山田副市長が話し始めた。

「3月議会の方針を考える必要があります」

私は言った。

「市長は辞めて、山田副市長と松江理事は府に戻ってしまうのに、話し合う意味あるんですか」

泉谷副市長が言う。

「市として課題は残っているからな」

「おそらく新田谷市長は今度の市政報告会で出馬表明をするでしょう。そうなると次の市長が決まるまで市の重要な判断はできません。3月議会の乗り切り方が問題です」

3月議会の乗り切り方は私に関係ないと思うが、黙って会議に加わった。

「我々の仕事は、その時々の市長が判断をしやすいように事務を進めることです。そこで考えたんですが、次の市長が就任したらすぐに意思決定ができるように、この間の経緯を検証する検討会議を設置してはどうでしょうか。議会の代表も入ってもらうのです。前回の法定外税検討委員会の先生と、議会代表と我々市の側も入って、市内部で検討を行うのです」


数日後、新田谷市長は、市政報告会で出馬表明をした。その後、同じ日に4月1日付の辞職届を提出した。

新田谷市長個人のホームページに、昨年6月7日に橋下知事から出馬要請を受けたと明かし、橋下知事がビデオメッセージに登場した。知っている情報だったが強烈だった。

何故8月1日に急転したのかわかった。橋下知事の要請に応じる準備を始めていたのだ。府議選に出馬する環境づくりに私はこき使われたのだ。

今こそ8月1日に新聞に載った謎が解けた。真実を知った怒りが謎が解けた爽快感を消し去った。

平成20（2008）年の頃と同じように記者を急き立てて国交省を攻め、2期島の竣功か代替案の提示を迫った。府議選に出る道を模索していたのだ。

3月に入り、国交省が来た。

市長を辞めると決まっている新田谷市長への最後の回答だ。

総務省は関空橋の超過課税を片山総務大臣に報告した。大臣は暴論だと言った。事務レベルの返答ではない、と付け加えた。

空港島のみなし課税は、税額を下げても株主の理解は得られないという関空会社の主張を伝えられた。

一方で、泉佐野市に対する補填は関空会社が行うべき、というのが国交省の認識と話した。

利用税の再検討は「総務省の課長レベルの見解」と断った上で、「認められない」と話した。

要するに、全てだめ、ということだ。

私は後日、この時の話を聞いた。財政健全化計画の中の歳入確保、その大きな柱が崩れようとしている。泉佐野市の財政は破綻寸前だ。支援策を考えると言い続けて、2年前の平成21（2009）年2月の約束を完全に反故にした。「株主の理解は得られない」と言いつつ、「補填は関空会社が行うべき」とは。完全にペテンだ。片山大臣に言ったと言うのも、本当はどうだか。適当に時間を置いて、同じ回答をしただけではないかと、勘繰りたくなる。

私は、次の市長が決まるまでの時間を使って考えていた。何故、泉佐野市は国交省に約束を履行させることができなかったのか。

敗因は何か。

航空局長の文書を受け取った後の平成21（２００９）年2月、大阪府負担金の予算化が決まると同時に、橋下知事が執行留保を表明した。昨年1月に府の執行留保は解除されたが工事は遅れる。執行留保が解除されるときに国交省から聞かされた話だ。

それ以外の要因があった
民主党政権の事業仕分けだ。国交省は関空補給金を90億円から１６０億円に増額する概算要求をした。しかし事業仕分けを経て最終的に75億円に減額された。

関空会社の経営状態が悪化し、いつしか2期島の竣功は関空会社の経営を悪化させるだけと報道された。

関空会社の社長が交代し、航空局長の文書が出たときの社長はいなくなった。

2期島の竣功は泉佐野市と国交省との約束で、関空会社は関係ないと報道され、早期の竣功は社内の理解が得られないとか株主の理解が得られないと報道された。

最後は、泉佐野市のために支出することは「株主の理解が得られない」という、関空会社の言い分が国交省から伝えられた。

努力すると言いながら、できない理由がだんだん大きくなった。

結局、私には経過も敗因もわからない。

泉佐野市は関空に振り回されてきたと私は思っている。

市役所に入った頃、この都市《まち》は関空建設でどのように変わってゆくのか、興味津々だった。時代は未だバブルではなかった。関空建設が始まると、市役所のどの部署にいても変化する都市の情報が入ってきた。昭和から平成に変わって日本のバブル景気が弾けた後も、泉佐野市周辺は関空建設が続いた。ここだけはバブル景気が続いた。関空バブルだった。

開港後の関空は低迷が続いた。泉佐野市は関空が開港すると税収が大幅に増えると見込んでいたが、当てが外れた。大幅な税収不足に陥り、市財政は破綻の危機に瀕した。そして、遂に財政健全化団体になった。

関空会社もまた振り回されてきたと思っている。関空会社の社員と話したときのことを思い出す。社員の多くは国交省の職員だった。せっかく国交省に入ったのに、関空会社に派遣されて大阪南部の田舎に住むようになった。そのうち、関空会社が民間会社になり、国交省職員ではなくなったとぼやいていた。

その時彼らは、皆とても丁寧で低姿勢という印象だった。

しかし、平成11（1999）年に泉佐野市が2期島の埋め立てに同意してから関空会社の態度が変わったという声もあった。

泉佐野市も関空会社も、関空に、国家プロジェクトに振り回されてきたと思っている。

何のための闘いだったのかもわからない。国交省・関空会社と新田谷市長の両方が辛抱し、それぞれが深謀を宿していた。

国交省と関空会社は、約束の履行に努力すると辛抱強く言い続け、そのうち切り札を使ってやろうという深謀を持っていた。株主の理解を得られないという切り札だ。

一方の新田谷市長がこの半年、2期島の竣功を辛抱強く追い続けた陰には、橋下知事の要請に応えるという深謀があった。


泉佐野市はどうかと思うと、また『真田太平記』が浮かんでくる。

何とかして争いの渦中に引きずり込んでやろうとしている徳川方の狙いを知ることがなく、大坂冬の陣に臨まざるを得なくなった豊臣方の姿と泉佐野市が重なる。

航空局長の約束は、確固した理由もわからずに2年近い歳月を経た後に守られなかった。しかも、今は株主の理解が得られないという、株式会社にとって錦の御旗のような理由が前面に立っている。

徳川方のような秘めた魂胆が国交省や関空会社の側にあったのかどうかは知る由もないが、日本政府の本省の局長という政府高官の公文書を信じた泉佐野市は静かな陰謀の淵に消えかけている。

第2章　オンリーワン

1

市長選挙に3人が立候補した。2人は直前まで、もう1人は1年前まで、市会議員だった。年齢順で戸野茂、高道一郎、千代松大耕。泉佐野バブルの象徴とも言える泉の森ホールで、青年会議所が立候補予定者による討論会を主催した。ステージ上の3人は「夕行」だと気付いた。私（竹森）を入れると、「たかみち」、「たけもり」、「ちよまつ」、「との」の順で出席簿に並びそうだ。

柔道で鍛えた千代松候補のがっちりした体を見ていると、税務課のS主査を思い出した。

「千代松議員に『本当に強いの』と言うたら払い腰をかけられた。一瞬で床に仰向けだった」

「どこで」

「市役所、3階の選管前の廊下と5階の議会のロビー」

S主査は千代松議員と仲が良く、2回も投げられた。ステージの3人と私の4人が縦一列に並び、後ろの「ちよまつくん」に羽交い絞めをされたら私の首は簡単に折れそうだ。

高道候補は、元職員で私と同じ年に採用された同期だ。就職したての頃、泉佐野の右も左もわからない私は彼に時々遊んでもらった。今も覚えている。彼は平成18（2006）年に市会議員になり、去年の選挙で落選した。

戸野候補も元職員で、私が最初に配属された樫井会館に勤務していたことがあり、彼も市役所のことを何も知らない私にいろいろと教えてくれた。

2人に比べて千代松候補はよく知らなかった。昨年、償却資産（註11）の実地調査を準備していたときに少し話したことがあるだけだった。

泉佐野市は財政健全化団体になり、財政健全化計画を策定した。計画の実施担当が税務課長になったばかりの私に指示を出した。

「固定資産税の償却資産に対して実地調査をやってください。市民に大きな負担を求めているのに、法律で定められた義務が適切に果たされていないのは問題です」

もっともな理由だが、今までやってこなかった税務調査を始めるのは大変だ。

いきなり調査をされる事業者は堪ったものではない。リーマンショックの後で経営の苦しい事業所が多かった。申告しないのが悪いとはいえ、今まで納めていなかった税金が最大で5年分も遡ってかかってくる。私は命がけの抗議を受けるだろう。

事業者と税理士との間に大きな波風が立つ予感がした。事業所にすれば、税理士の助言と指導を信頼してきたのに税務調査で多額の税金をかけられる。他方、税理士にすれば、市役所が調査しない償却資産をきっちり申告させたら「あの税理士に頼むと税金が高い」と言われかねない。故に、それなりの助言や指導をしてきたはずだ。

調査をする側の税務課職員も反発する。やり方がわからない、今の仕事でも忙しいのに誰がやるのか……。

半年の間、私は今西係長と研究を重ね、簡易な調査から始めることにした。

「他の自治体の取り組みを見ると法人税、所得税の税務署への申告と市町村への申告に差があり、その中には不適切な申告となっている事例があります。

これは『税の公平性』から大きな問題があります。本市は、納税者間の公平性を確保するために、今回、申告される内容に基づいて調査を行います。

申告書の提出にあたっては、税務署に申告する内容と整合性がとれているかどうか、今一度の確認をお願いします。

調査によって、申告漏れなどの不適切な申告が明らかになったときは、取得したときに遡って最大5年間の課税をすることになります」

こんなチラシを作って事業所に配布した。

税理士会の役員会で説明し、近隣の全ての税理士に配布した。市役所の取り組みによって税理士の皆さんとお客である事業所との関係がぎくしゃくしないことを願い、これから調査する方法を活字にした
大反響があった。電話が鳴り続けた。

悲鳴を上げる担当職員に私は言った。

「おれの思惑どおりや。今、苦情を言うてくる人の何割かは、納税通知書を送ったときには納得している」

税理士がチラシを持って訊きに来た。近隣の自治体が調査を行った際は、遡って課税しないと言っていたにもかかわらず、金額が大きいからと言って5年間分を遡って数千万円の課税をされたと言う。

「騙された。泉佐野市も騙すのが目的じゃないの。泉佐野市が嘘をつかない保証はあるのか」

私は正直に言った。

「懸念はわかります。その懸念に応えるためにチラシを作り、広く配布しました。市内部の手続きを経ています。しかし、この方法は問題がないかと言われればそのとおりで、これは経過措置です。市が態度を変える可能性はあります。私がいる限りはそんなことになりませんが」

税理士は完全に納得しなかった。

「私どもはこれから行う調査の方法を明らかにしました。あとはご自由にどうぞ」

私はこう言って税理士を説得しなかった。

私の作ったチラシは、泉佐野市が調査をする前に申告をすれば遡って課税しません、ということを意味していた。

意図的にそうした。

千代松議員がチラシを持ってやってきた。

「これどういう意味ですか」

「回りくどく書いていますが、申告すれば遡って課税しないということです」

「そんなことできるんですか」

「それくらいしないと、いきなりやったらみんな怒るでしょう」

「上手いこと考えたな」

短い会話で千代松議員は帰っていった。呑み込みの早さに感心した。

4月24日の選挙、千代松候補が当選した。

千代松候補は「進化するマニフェスト」という冊子を作り、「10万人の笑顔大作戦」を合言葉に47の公約を発表していた。1番目は市長の給料は40％、副市長・教育長の給料は30％カットし、退職金制度は全廃するである。2番目は職員の給料を20％カットするだ。3番目は市長任期の4年間で早期健全化団体から脱出するである。

私は、新田谷市長時代で給料カットにはうんざりしていた。だから、最も当選してほしくなかった千代松市長の誕生にげんなりした。


（註11）償却資産＝固定資産のひとつ。事業に用いることができる資産の中でも、備品や車両など消耗品に分類されない資産のこと。

2

市長が変わると、職場の課題を簡単にまとめて報告しなければならない。市長レクである。ゴールデンウイーク明けから始まる。

税務課の大きな課題は2期島の竣功のことだが、それは清水（仮名）理事が報告するので償却資産の実地調査を書いた。清水理事は市長公室まちづくり調整担当理事で松江理事の後任だ。

山田副市長の後任がいないため、相談相手に困っていた。清水理事が市長レクに使う資料を見せにやってきた。

新田谷市長が辞職し新市長が決まるまでの間に、市のこれまでの取り組みを総括するため検討委員会を設置した。議会代表と市職員、外部の有識者がメンバーだ。

清水理事は、この検討委員会の議論を整理し、利用税、不均一超過課税、みなし課税の三つの対抗策のうち、利用税が最も望ましいという資料を私に見せた。

一方私は、不均一超過課税は問題がある、みなし課税も問題がある、利用税は消去法で残っただけという考えだった。

「利用税がとてもいい案のように書いていますが、そもそも利用税は道路に税金をかけることです。しかも関空連絡橋を管理運営する西日本高速道路株式会社（ＮＥＸＣＯ西日本）と全く協議をしていません。実際に徴収する人と話し合わない仕組みは絵に描いた餅です。しかも、3年前に利用税条例を作るときは法定外税検討委員会を設置して外部の有識者の力を借りましたが、条例を廃止するときは検討委員会に諮らないで市が勝手にやりました。一方的に廃止した条例を再び検討委員会に載せるのはあまりにも身勝手です」

「利用税が最も現実的だという検討の結果があります。課長の話を市長レクに入れるのはしんどいです」

「市長レクに入れろとは言いません。清水理事には知っていてほしいのです。元々利用税は、国から補填策を引き出すための、喧嘩の道具だったんです。3年前も国に支援を求めることが第一義的で、利用税はやむを得ないというのが検討委員会の結論です。しかも検討委員会では道路に課税できるかどうかは検討していません。不均一超過課税やみなし課税があまりにもひどい案だったのです」

「竹森課長の言うことはこれから勉強しますけど、資料はこれでいいですか」

「いろいろ言ってすみません。これで了解しました」

消去法で残っただけで実現できるわけがない利用税、これが最も望ましい方策として新市長に説明されようとしている。やるせなかった。

総務部のレク。部長と課長の全員が市長室に入る。

最初は総務課だ。入札や契約に関して市長のどういう行動が秘密漏洩罪に問われるかを説明した。千代松市長はしっかり頷きながら聞いていた。

次は人事課。職員給料の20％カットは千代松市長の公約だ。

「……大幅なカットは違法とされる場合があります……」

人事課長の説明に間髪を容れずに千代松市長は声を上げた。

「違法かどうか決めるのはあんたやないやろ。裁判所やろ」

人事課長は一瞬言葉に詰まった。

その後、もう一度、総務省の見解や地方公務員法の解説書を念頭に話しだした。

「だから、それを決めるのはあんたやないやろ」

千代松市長は語気を強めて言った。

次は私の番で、席を代わり資料を開いた。

「うわ、出たあ、これか」

千代松市長は仰け反りながら大声を出した。

昨年の私の説明がよほど印象的だったのだろう。簡単に説明し、納税者が市長に助けを求めてきても関与しないようにお願いした。

「わかりました」の一言で私のレクは終わった。


千代松市長の発言が私の頭から離れない。

（違法かどうか決めるのは、あんたやないやろ。裁判所やろ）

人事課長と千代松市長の会話は続かなかった。

違法、イコール間違い、イコールやってはいけない。泉佐野市役所では当たり前の論法だ。違法か違法でないかの議論は日常茶飯事だ。

（違法かどうか決めるのはあんたやないやろ。裁判所やろ）

これでは市役所での日常会話が成り立たない。

職員とどのように対峙するか、千代松市長は準備してきたのだと私は思った。平成12（2000）年26歳で市会議員になってからの11年間で学んだのだろう。

市長レクが終わると千代松市長は公約の実現に取りかかった。

まず、市長、副市長、教育長、いわゆる三役の給料を40％から30％の範囲で削減し、さらに三役の退職金を廃止する条例が5月の臨時議会で可決された。

同時に職員の人件費を削減する公約に取り組んだ。「市の労働組合とは協議するが、合意が得られなくても条例案は提案する」と発言して職員の給料を20％削減することを二つの組合に申し入れた。組合との交渉は決裂し、千代松市長は職員給料を20％削減する条例案を6月議会に提案した。6月13日の本会議で提案され、総務産業委員会に付託された。

16日の総務産業委員会、市長の背中が見える席に私は座り審議を見ていた。

委員からは「削減額が大きすぎる、生活への影響が深刻」「労使交渉がまとまっていない」「一律20％カットでは賛成しかねる」「修正案を出してほしい」などの意見が出た。市長提案を批判する委員がほとんどだ。

荒れ模様でこのままだと否決かもしれないと思い、私はドキドキしながら成り行きをみていた。

異例の長い審議の後、委員長が採決に入ると宣言した。

すると、1人の委員が席を立った。採決に参加しないのだ。

あっ、また1人立った、また立った、ゾロゾロと何人も出て行った。9人中6人が退席した。前代未聞の展開だ。

ほとんどの委員がいなくなり、議事の進め方がわからなくなった委員長は残っている委員にひとつひとつ了解を得ながらあとの委員会を進めた。後日、再度委員会を開くことになった。

千代松市長は廃案も覚悟の上で原案を押し通すか、修正案を出すかの判断を迫られた。結局、当初は一律20％の削減案だったのを、役職に応じて13％から8％の削減にする案に訂正して議会を通過した。


「千代松市長は連絡橋が国有化された問題にいつから取り組むんでしょうね」

5月中旬、私は坂田総務部長に聞いた。

「6月議会は職員の人件費を削減する条例を出したいみたいやから、その後やろな」

5月末、市長室にいつものメンバーが集まった。今年の「いつものメンバー」は泉谷副市長、丹治市長公室長、清水まちづくり調整担当理事、坂田総務部長に私だった。大阪府に戻った山田副市長の後任はなく、副市長は1人になった。

千代松市長は3年前の法定外税検討委員会では議会から選出された委員で、経過はよく知っている。

「6月中に補填策を示すよう国交省と交渉します。並行して9月議会に利用税条例を上程する準備を進めてください」

国交省との交渉は清水理事が担当する。坂田部長は人件費を削減するための組合交渉で大忙しだった。それ故、利用税を導入する準備は税務課長の私が担当になった。

千代松市長の指示は言葉少なで明確だった。

しかし、利用税は3年前と同様、支援を引き出すための喧嘩の道具なのか、それとも今度は本当に実現を目指すのか、私はわからなかったし、市が勝手に廃止した条例を再び検討することがすんなり進むとは思えなかった。

私は疑問を口にしたが、市長は意に介さず指示を繰り返した。

6月10日、国交省の担当参事官がやってきた。

千代松市長は名実共に備わった回答を求めた。「名」とは減収分の補填が実現したと公言できることで、「実」とは減収分に見合う補填の額だ。

対して参事官は、国交省が泉佐野市のためにどのようなことをやったとしても、補填のためにやったとは言えないと答え、額も示さなかった。「名」も「実」もなかった。

千代松市長は6月30日を期限に文書による回答を求めた。

副市長室にいつものメンバーが集まって打ち合わせをした。

9月議会に利用税条例を上程せよ、税務課でやれという指示に私は不満だった。

「税務課で全てできません。そもそも、何で9月議会なんですか。市長のマニュフェストに入っていないのに」

私への指示は昨年夏から非常識の連続で、市長が代わって一層ひどくなったと思っている。

「税務課が中心になってやってもらわなければならないが、みんなで協力してやっていくしかない」

泉谷副市長が慰めてくれた。

丹治市長公室長が市長の方針を分析した。

「利用税は実現できるかどうかわからない。そんなものはマニュフェストに書けないやろ。国交省にこれだけ虚仮にされて、利用税をやめることはないやろ」

私はハードな日程も疑問だった。

「今度は本当に利用税を目指すと言われても、9月議会にかけることが目標なら3年前と同じ喧嘩の道具です」

泉谷副市長が私たちの立場を語る。

「市長が目指す言うてるんやから、それがどれだけのもんか言うても仕方がない」

私は頭を切り替えた。

「実現を妨げる要因を順番に取り除いていかなければなりません」

丹治市長公室長が私を見た。

「総務省には事前に協議した方がいいやろな」

私は言った。

「2年前に取り下げたことが今回の検討にどう影響するのか、総務省の考えを知りたいです」

清水理事が私を見た。

「総務省との事前の協議は府の市町村課に調整を頼みましょう」

坂田部長が大まかな日程を話す。

「国交省が市の求める回答を持ってくることはほとんど考えられません。だから6月末の回答期限は、利用税に取り組むスタートとも言えます。ゴールは9月議会の議案書を作成する期限やけど通常の締め切りには間に合いません。議案書を作成する作業の最後に放り込んでもらうよう調整するとしても、8月15日までには全部やる必要があります」

私はやることをひとつひとつ挙げた。

「この期間で総務省へ行って事前の協議を行い、NEXCO西日本に協力の依頼をし、検討委員会を開催して報告をもらわなければなりません。検討委員会をやるために、委員に就任の依頼をして、日程と場所を確保して、会議の資料を作り、委員長になってもらう人と打ち合わせをしなければなりません。利害関係者に意見の照会もせんとあきません。1月半でやれるはずがありません」

「3年前は1か月でできたんやろ」

「前は会議を4回やったけど、今回はそんなにせんでいいやろ」

「3年前がそもそも異常なんです。外部の有識者が参加する会議は普通多くても月に1回です。3年前は、今にも国有化されるという緊急性もあって、頼み込んで何とかなったんですよ。今回は市の都合でやるんやから緊急性はないですよ」

私は、3年前と比較するのは根本的に間違っている、大事なものが欠けていると思った。しかし、どう言えば理解してもらえるのかわからなかった。

「8月半ばまではまだ時間はあるし、その辺は委員長になる先生とよく相談してやっていってや。やるしかないんやから。あとはみんなで力を合わせてやっていこうや」

泉谷副市長の発言で会議は終わった。

3

7月1日、市長が取材陣に表明した。

国交省の回答は前回と変わらず、泉佐野市のために何かを検討した跡は見えなかった。今後は法定外税導入検討委員会の開催に取り組む。今後、国交省から具体的な支援の話があれば聞かせていただくが、市から国交省に接触はしない。

私は8月15日に向かって走り出した。

いやいやながら、心の中で「よしっ!」と気合を入れた。

3年前の検討委員会の委員長だった同志社大学の田中治教授に7月8日に時間をもらった。今回も委員長をお願いするつもりだ。

総務省の担当者に13日の面談を取り付けた。市町村課の総括主査と訪問する。

NEXCO西日本には「会ってお願いしたい」と伝え、15日に関西支社へ行くことになった。

私は手帳に「8日田中教授、13日総務省、15日NEXCO」と書き入れ、カレンダーと見比べた。

（NEXCOに委員の就任を依頼する15日の金曜日に、1回目の会議の日程が翌週と決まっているのは非常識やな。第1回委員会は早くても7月の最終週か）

スタートと同時に時間切れになりそうだったが、最善を尽くすしかない。

坂田部長と京都に行き、田中教授に会った。3年前に続き今回もまた急な依頼になってしまったことをお詫びし、最近の経過を説明した。

「3年前は参りました。検討委員会をやりたいと急に話がありました。私は税を専門にしていますから、お話は聞かせてもらいますとお話ししたんです。それで来られまして、大至急、検討委員会をやりたいとおっしゃって、それもひと月に4回も。何かを検討するとなったら、会議は大体1か月か2か月に1回ですよね。会議で出た課題を事務局が調査したり研究したりして、それを次の会議の資料にします。何か調べると普通それくらいはかかります。それを1か月で報告までまとめてほしいと言うんですから。こんな依頼は初めてでした。本当に参りました」

坂田部長が何度も頭を下げた。

「市長の方針で9月議会に条例を提案する方向で動いています。今回が初めてではないので、2回くらいの検討会議でひと通りの議論はできるんじゃないかと市としては考えていまして、どうかお願いします」

私も部長と一緒に頭を下げた。

「最近、よく新聞に載っていましたから、ある程度の経過は承知しています。3年前のこともありますから、私で協力できることがあるのでしたら協力させてもらいます。3年前に結論の出ていることもあり、委員会をやってみないとわかりませんが、市としては2回を考えているということですね」

私も田中教授にお願いする気持ちで言った。

「利用税は3年前に一定の結論が出ていますので、今回はその延長線上でお願いします」

田中教授は厳しく不快な顔をして、低い声で言った。

「3年前はそんな結論ではありません」

私は田中教授の言った意味がわからなかった。

3年前の泉佐野市は、検討委員会の報告書を受け取ると、すぐに臨時議会を開催して利用税条例を制定した。

この経過から私は、利用税はベストとは言えなくてもベターな方策、もしくは「やむを得ない」という前置きはついても、どうしようもない状況で唯一の方策だったと思っていた。

しかし、田中教授は、「委員会は利用税にお墨付きを与えていない」と言っているようだった。

委員会のお墨付きを得ていない利用税条例が何故成立したのか、私には見当がつかなかった。

自分の準備不足が露呈し、私は黙ってしまった。

坂田部長が言った。

「3年前の延長でお願いします」

田中教授は「わかりました」と応じた。

坂田部長が続けた。

「委員長の選任は、今回も委員の互選の形を考えています。互選の結果ですけれども、今回も田中先生にお願いしたいと考えていますので、お願いします」

「それは事務局にお任せします」

私がさらに細かいことをお願いした。

「2回の会議の間隔はできるだけ開けるように準備していますが、今から8月15日までの間で、1か月の間隔をとって2回設定するのはとても厳しいんです。間隔が短くなったときはどうぞご了承願います」

田中先生は、3年前に道路に税金をかけたいという話を聞いたときも驚きましたし、ひと月に4回も会議をしたいという話にも驚きました。普通考えられないことをするのが泉佐野流とでも言うんでしょうかと応じながら、

「私はこうやって説明を聞いていますから了解しますけど、これは私が心配することではないですけど、他の委員の先生に失礼のないように配慮してください」

最後に、非常識な依頼になったことを、もう一度お詫びした。

帰りの電車で坂田部長と今後のすり合わせをした。

田中教授にお願いできた。次は、他の委員に就任を依頼しなければならない。特に学識経験者には、急いで依頼しなければならなかった。坂田部長と清水理事、それに私の3人で手分けする。

坂田部長が言った。

「NEXCOに会わなあかんの」

15日にNEXCO西日本を訪問する予定が全体のスケジュールを遅らせていた。私は力を込めて言った。

「絶対に会わなあきません。当事者と協議しない制度はあり得ません。私の中では最優先事項です」

実現可能な税制度を目指すならNEXCO西日本に会うことは必須項目だった。

福岡県太宰府市は平成15（2003）年、太宰府天満宮周辺の一時駐車場に課税することを想定して、駐車場経営者の反対を押し切って「歴史と文化の環境税」をスタートした。しかし、駐車場経営者が協力しなかったため、税の徴収が実質的にできなくなった。

利用税はNEXCO西日本と話し合ってすらいない。

13日、市町村課の総括主査に同行してもらって総務省自治税務局の税務企画官を訪問した。

私は3年間の経過を説明し、利用税にもう一度取り組む場合のリスクを尋ねた。

「一度取り下げたからといって不利になることはありません。制度上は法定外税を新たに新設する場合と同じです。泉佐野市の税の場合は、道路施策との兼ね合いもありますから、協議の申し出があれば国交省の話も聞きます」

私は市の方針を再度伝えた。

「泉佐野市は今後、国交省と話し合うことはやめて利用税を目指します」

税務企画官は総務省の立場を説明した。

「泉佐野市から協議の申し出を受けたこちらの側として国交省に話を聞きます。あと、3年前の経過を見たら年末から国交省と話し合いを始めて、その後取り下げをしていますね。年末の予算でどう動くのか今回も見る必要があります。あと、大阪府の意見はどうなんですか。大阪府の意見も聞きたいですね」

「大阪府はこの問題には関与しませんので、意見は何もありません」

税務企画官は大阪府の話はもうしなかったし、他に新しいことは話さなかった。

15日、泉谷副市長を先頭にNEXCO西日本を訪問した。検討委員会に委員を出してほしい、意見照会に応えてほしい、将来、税が認められれば協力してほしい、ETCシステムの改修など徴収に必要な経費を示してほしい、と訪問した理由を告げた。

NEXCO西日本は7人が対応した。副市長が伺うと伝えていたが、NEXCOの部長以上は都合がつかなかったとのこと。

「NEXCOは公的な性格を持つ株式会社ですから、検討委員会に出席して意見を述べるのは馴染まないと考えています。また、同じ理由から、泉佐野市の税が総務大臣の同意を得られたならば実務的に協議に応じざるを得ないと考えています。しかし、発生する費用の負担がどうなるのかが問題です。システムを改修する費用は徴収の仕方によって変わりますので、どういう徴収の方法を行うのか泉佐野市から示してください。意見照会のことは上の者に伝えます」

坂田部長が少し和やかに経過を話し始め、NEXCOの課長が相槌を打って応えた。端にいた課長代理が発言した。

「以前、何とはなしに泉佐野市さんの3年前の、廃止した条例を見ていたんです。その時、社内で『これって実現不可能だよね』という話になったんです」

私はピンときて、食いついた。

「どういうことですか」

「泉佐野市さんの条例は、税額は1台150円で減免の場合は75円でしたが、ETCシステムは1円単位の料金に対応していません。これを取れと言われてもどうしようもないという話でした」

「ありがとうございます。3年前はそういう話を聞かせていただくことができず、泉佐野市は、ざっくばらんに言えば、高速道路の料金徴収の仕組みを想像して条例を作りました。私はその後担当になったんですが、仕方がなかったとはいえ、NEXCOの意見を聞かずに作った条例が実現可能かという疑問がありました。今の話はとてもありがたいと感謝しています。他に気になることがあれば教えてください。条例に反映させたいと考えています」

「社内で正式に検討したわけではないんですが、課税免除の規定はNEXCOと同じかという話もありました。それと大臣の同意が出てから6か月以内に施行する規定も無理だなという声がありました、どれも雑談ですけど」

「課税免除はNEXCOと同じ規定を作りますから教えてください。大臣の同意から6か月以内に施行するのは無理というのはどうしてですか」

「NEXCOではこういう大きな仕事は何年もかかるんです。例をあげたら、阪神高速湾岸線と阪和自動車道を繋いでいる100円道路がありますね。大阪府道路公社の道路ですが、ETCが動き出すまで何年もかかりました」

「ETCやNEXCOのシステムを知らないで話すのは失礼と思いますが、せっかくの機会ですので教えてください。利用税は連絡橋の料金に上乗せになりますが、徴収する機械は増えないと考えています。システム改修は1年以内に無理ですか」

「関空の料金所で機械は増えないと思います。実際に検討したことがないので何とも言えませんが、我々のシステムは簡単ではありません。それと我々は期限を決めて仕事をすることはありません。安全、そして確実にできることを確認してゴーサインが出ます。だから1年以内とか言われても答えられません」

「とても貴重なご意見を伺うことができました。ありがとうございます。泉佐野市の条例で気になったことは他にありませんか」

「今はありません」

「何かあれば、また教えてください。泉佐野市としてはできるだけ実現可能な条例を作りたいという立場です。よろしくお願いします」

JR茨木駅近くのNEXCO西日本関西支社を出て車に乗り込んだ。

私は面談を振り返った。NEXCOは雑談のように見せかけて利用税条例の問題点を指摘したのだと思った。さっきの話を参考にすれば3年前よりましな条例案になるはずだ。

市役所まで約1時間半、車内は無言だった。

後部座席の私は、少し身を乗り出して沈黙を破った。

「施行日はどうしましょう。同意から6か月以内は無理と言われました」

横の坂田部長が口だけ動かした。

「そんなんどうでもいいよ。どうせ同意されないんやから」

助手席の泉谷副市長が肩を少し動かして話した。

「竹森君は同意されると思てんの。無理やって」

「おれはどうなるかわからんと思てます。総務大臣が同意するとは思いませんけど、同意しない理由も難しいと思います」

坂田部長の見方は違った
「そりゃ甘いよ。国は一つなんやから。国交省が困ることを総務省がするはずないよ。万が一、総務大臣の同意が出たとしても、NEXCOが協力するはずないよ」

私は副市長や部長の考えを否定するほどのものもないが、納得もしていない。

「理由なんかなんぼでも考えるよ。竹森君が心配せんでいいよ」

「心配しているんじゃないんですけどね」

7月中旬の昼下がり、クーラーのあまり効かない普通車が5人の男を詰め込んで高速道路を走る。

車内はまた無言に戻った。

田中教授、総務省、NEXCO西日本を訪問し、委員に就任の依頼もした。納税者、関係者の枠で依頼した関空会社、大阪府トラック協会、NEXCOからは、今回も委員は選任されなかった。

第1回委員会の日程を決めるために坂田部長の席に集まり情報を突き合わせた。全委員が出席できる2時間が7月中に見つからない。再度、8月第1週で調整することにし、今度はどうしても動かせない日程かどうかも聞くことにした。8月15日が期限だというのに、8月第1週に最初の会議ができるかどうかもわからない。

電話をかけても繋がらない人がいる。

実現不可能なことをやっている気がする。良くない言葉ばかりが頭に浮かび、松本課長代理に話しかける。

「今回、こんなに大変やのに、ひと月に4回もようやったなあ」

「もうむちゃくちゃですよ。地獄でしたよ」

「3年前はできたのだから今回もできるやろって言われたけど、未だに最初の日程も決まらん」

ぼやいていても仕方ない、気を取り直してまた電話をかける。無理に頼み込んで日程を確保する。

何とか8月4日が確保できた。

事前の準備が終わり市長に報告するため、いつものメンバーで市長室に入った。

最初に坂田部長が田中教授と面談した結果を話し、次に私が総務省と協議した内容を報告した。

国交省の意見も聞く、年末の予算編成まで様子をみる、税務企画官の発言を報告すると千代松市長は不満だった。

「協議を申し出るのはこっちや、なんで国交省の意見なんか聞くんや。こっちと話したらいいやないか」

私は国の経済施策に照らして妥当かどうか判断するためですと言ったが、納得しない。

「国交省がどうするかはもう待っていないんや。なんで年末まで待つんや」

坂田部長が私を庇うように言った。

「総務省と国交省は国どうし。連携とるんです」

ＮＥＸＣＯの話になった。

３年前の条例について意見が出され、ＮＥＸＣＯのシステムは減免の場合の税額75円に対応できない、大臣の同意から6か月以内に施行するのは無理と言われたことを報告した。

私は、大臣同意から1年にするか2年にするかで迷っていますと話すと千代松市長は強い口調で言った。

「1年でできないのはやる気がないんや」

検討委員会の論点を坂田部長が説明する。

「３年前に一定の結論が出ていますので、今回は３年前の結論が出発点になります。

まず、連絡橋の国有化で泉佐野市が失った税収を確認します。橋の耐用年数は45年でこの期間の固定資産税合計額が１１２億円、当初の10年間は57億円です。

３年前の利用税は、この57億円の回収を目指しました。課税年数の10年と当時の通行台数を考慮して、税額は自動車１台当たり１５０円としました。

今回は、３年間の経過を考慮して税額を決めます。

国有化が1年延びて固定資産税が7億円入りました。次に、これから当分、泉佐野市は地方交付税が交付される状況が続きますので、失われた税収の75％は地方交付税で補填され、利用税の目標は25％になります。

　そうしますと、57億円から7億円を引いて、その25％は12億5千万円になり、泉佐野市が利用税で徴収を目指す総額になります。

　次に税額ですが、150円のように半額が1円単位になってはだめですので、100円とか120円になります。年間通行台数を300万台として12億5千万円に達するまでの年数表を作りました」

　資料を見ていた市長が大きな声で目標を設定した。

「年間300万台か、1台100円で年間3億円、5年で15億円を目指しましょう」

4

　1回目の検討委員会が始まった。

　同志社大学法学部教授の田中治氏、元大阪府立大学経済学部教授の山下和久氏、弁護士で立命館大学法科大学院教授の水野武夫氏、公認会計士の森田將《まさる》氏、泉佐野商工会議所会頭の山本幸夫氏は3年前も委員だった。

　山下教授は泉佐野市の行財政改革計画の策定に携わってもらった。

　水野教授は財団法人納税協会連合会の「税に関する論文」コンクールの選考委員をしていて税務訴

訟のスペシャリストだった。

森田氏は市内の在住で、市の関連団体の監査を行っていた。

山本氏は地域経済に精通していた。

初の委員は泉佐野市町会連合会長の山下勉氏と市議会議長の松浪武久氏だった。

田中教授を委員長に選任して議事に入った。

3年前と重複する議論はできるだけ避けて会議を進めることになり、私や他の職員が3年間の経過を説明した。

私たちの説明に対する質問から議論は始まった。

水野委員が発言する。

「この委員会で3年前に検討して、条例を制定して、総務省に協議書を提出したんですね。そして、国から提案があって、別に税収が確保できるということで、条例を廃止したんですよね。それが入ってこないから、また同じことを検討することになってしまった。これは一種の醜態ですよね。どうしてこんな状況になったのか、経緯の詳しい説明をお願いします」

（うわぁ、やっぱりそこから聞いてくるか）

私は一番の懸念を最初に質問され、いっぺんに追いつめられた心境になった。

もう一度、清水理事が経緯を丁寧に説明した。

水野委員が言った。「前回、我々、4回も集まって議論して結論を出しました。それを受けて議会が条例を作った。一旦、議会が決めたものを国から文書を受け取ったといって廃止する。我々、また検討するのやけど、仮に議会が条例を作ったとしても、すぐに撤回や廃止をされたら、我々、一体、何をやっているんやとなりますよね。その辺りはきちっとしてほしいですね。それともう一つ、前回、早々に廃止した理由として、総務大臣の同意が得られないとの見込みもあったのではないかという勘繰りも出てくるんで、経緯を詳しく説明をしてもらわないと腹を据えて議論ができないことになりますよね」

坂田部長が答える。

「前回の条例廃止が拙速で、詰めが甘かったと今は感じています。それと、総務省の検討情報は一切入ってこないので、不同意の見込みがあって取り下げたのではありません」

坂田部長の答弁が水野委員の質問した醜態の原因を明らかにしたかどうかはわからない。3年前に初めて行った法定外税の総務省協議がどこまで進んだのか。これに答えられる職員はいなかった。

森田委員が発言する。

「基本的に矛盾を感じます。2期島の竣功が支援というのはまやかしだ思います。2期島はいずれ竣功し固定資産税は入ります。これを支援とするのはまやかしで、連絡橋の国有化で固定資産税が減ったこととは別の問題です。これは私の意見です」

水野委員が発言する。

「前回は、減収の補塡という発想で条例を制定し総務省へ協議した。だけど今回は、減収の補塡ではなく、税収の新たな確保というスタンスがあってもいいんじゃないかということですね。私はその考えが正しいと言っているんではなくて、きっかけは連絡橋の国有化であったけれども、減収分を確保した後、場合によってはそのままでもいいのではないか。例えば、何年間か課税して廃止するかどうかはその時の状況で判断するとか、填補だけを目的にしないでもう少し柔軟に考える、そういう立場もあるんじゃないかということです」

水野委員は3年前も同様の意見を述べていた。新たな税収として考えろ、と言われた。9月議会に出さなければならないのに、こんな時期に何を言うんや、と心の中でぼやいた。

水野委員の発言が続く。

「前回は税補填にこだわったから、国交省から2期島の話が出てきたでしょ。今回もそれにこだわってやらなければならないのかと感じています。それともう一つは、地方自治体は税源を求めて独自の税条例を作ることができます。この利用税は合理性がないわけではない。むしろあるのではないか。つまり、連絡橋を利用するのは泉佐野市民だけではない。他市の方も利用している。また、連絡橋だけでなく、市道も通れば下水道や上水道のサービスも受けている。そういう人から利用に際して税を取り、市の事業に充てる発想があってもいいのではないか。東京都のホテル税（註12）は、宿泊者は東京都の上下水道を利用しているということで、ホテルの宿泊者も少しは負担していただこうという発想ですよ」

私は昨年、税務課長になってから他の法定外税を調べた。

東京都のホテル税は課税の期限を設定していない。状況が変われば検討するという理由からだった。しかし、東京都以外の、ほとんどの法定外税は期限を設定し、国の通知も課税する期間を設定するように書いてある。利用税は失われた税収の確保が目的で、期限は自ずとやってくる。3年前の条例を再検討する今になって、わざわざ課税する期間をなくすのは利用税を課税する理由を変えるようなもので、至難の業だ。その上、国の通知に従わないという新たなハードルも作ることになる。

今回示された税額100円の根拠がわからないという意見が出る。

田中委員長がいろんな意見を整理しながら会議を進めていく。

自分の登場シーンを逃さないよう目の前の会議に集中しようとする。同時に、利用税を東京都のホテル税のような普遍的な税にできないか検討せよと言われても雲を掴むような話だ。私の思考はだんだん鈍くなり体がポカポカして眠気に支配され始める。

午後3時から2時間の予定で始まった会議はあと15分ほどで午後5時になる。

千代松市長が手を挙げて発言を求めた。

「前回は、私も議会の代表として入らせていただいたんですけども、当時の新田谷市長はこの法定外税をどちらかというと喧嘩の材料としてぶち上げて、国が支援策を示したときは手を下ろすという話を私も聞かせていただきました。私は拙速な形で取り下げたときの議長ですけども、ああいう形で国から示されたときに、初めてのことでありましたので、国がそこまで言うんだったら必ず履行してくれるだろうという思いもあったわけです。

私は4月に市長に就任したあと、これまでの経過を踏まえて国との交渉に臨ませていただきました。

今から思えば、2期島の竣功を8年前倒し、というのもまやかしであったのかもしれないなと思っているところでございます。

今回も国と交渉していく中にありまして、LCCのピーチ社が本社機能を泉佐野市域に移したわけで、国はそれがあたかも支援策のように泉佐野市に見せかけてきた、これが支援策ですよ、法定外税を降ろさなければこの話はなかったことにしますよ、と言いながら交渉に臨んできたわけです。しかし、こちらから回答を出さないうちにピーチ社が移転していただいたという結果がございまして、国は前もまやかしで、今回もまやかしというか、実際に国土交通省は騙しにきたと私は捉えています。

そういった中で、私が皆さま方にお願いしたいのは、新田谷市長は喧嘩の道具としていたのかもしれませんが、泉佐野市は早期健全化団体の適用を受けた中で、一層厳しい財政運営が強いられていて、厳しい財政状況の泉佐野市が新たな財源確保をしていくという観点からもご議論をいただけたらありがたいと思っております。ぜひともそういった形でご議論をいただきたいと思いますのでよろしくお願い申し上げます」

千代松市長は立ち上がり一語一語、力を込めて話す。LCCピーチ社の本社を移転する話はまやかしだ、騙しにきたと話す。その姿を後ろから見ていると、握り拳を振り上げているような気魄が伝わってきた。敵の策略に騙されてなるものか、騙しにきた奴らにひと泡吹かせてやりたいという意地が見えた。

検討委員会の議論に割って入ったような市長の姿に、『真田太平記』の一場面が蘇る。丹波哲郎の演じる真田昌幸が上田城の「地炉ノ間」で信幸・幸村兄弟を前に立ち上がって右へ左へと動き回り「家康め、このわしを怒らせおった……勝てないまでもひと泡吹かせてやりたいがどうじゃ」と声を張り上げる姿だ。

何故に、千代松市長が国交省との交渉に見切りをつけ、利用税の実現に舵を切ったのか、私にはわからない。政治家としての勘が自らの進路を決めているのだろうという推測くらいしかなかった。

小さいながらも大名としての意地から徳川家康にひと泡吹かせたいと気持ちを高ぶらせる真田昌幸と、小都市の市長ながら利用税の実現を目指すことで国交省にひと泡吹かせてやろうとする千代松市長が重なる。

どちらも勝算があるわけではない。


田中委員長が議論を整理する。

「当初考えていたような減収の補填を目的にした案でいくのか、もう少し考え方を拡げて新たな財源を確保するとか泉佐野市の行財政を見据えて検討していくのか、その2案をもう一度、事務局で検討してください」

森田委員が発言する。

「利用税をかけることは確認できましたよね」

第1回検討委員会は終わった。

私の頭の中は真っ白で先の見通しはなかった。あと1回で会議は終わるんやろかという言葉が何度も浮かんだ。

数日後、副市長室にいつものメンバーが集まる。泉谷副市長が会議を始める。

「1回目の委員会で宿題が出たんで、次までに準備せなあかん。利用税の目的を今までの減収補填に限らず、新たな税源確保の手段として検討するということと、税率100円の根拠を説明することやったな」

メンバーがそれぞれ感想を話す。

「ものすごく紛糾したな。原因は何や」

「委員に何の相談もしないで条例を廃止したのは失礼だった。このままでは次の会議がどんな展開になるか想像がつきません」

「利用税は喧嘩の道具って言い方は税の専門家に失礼」

この意見に反論があった。

「いや、誰も利用税が実現できるって思うてないやろ。新田谷前市長も喧嘩の材料って言ってたやろ」

この意見に再反論があった。

「検討委員会では、喧嘩の道具ではなく、正当な税制度として検討をお願いした。それを市が勝手に喧嘩の道具にしたんだ」

反論が出る。

「国の支援が第一義的で、それが実現しないのなら利用税はやむを得ない、というのは喧嘩の道具ということや」

3年前の利用税が実現を目指したのか、それとも喧嘩の道具だったのかの論議は、どこまでいっても終わらない。

「条例を廃止したのは前の市長で、今の泉佐野市は関係ないという経過の説明やったら、委員は怒るよな」

あの議論もこの議論も収拾がつかないので、第2回会議の準備という観点から話を進めることになった。

「今から東京都のホテル税を検討したら、あと1回の会議では終わりません。9月議会の議案書に条例案を掲載する場所を空けてもらっています」

15日までに開きたかった2回目の会議が18日になり9月議会の議案書の実務的な締め切り、それも印刷の作業にさえ間に合わなくなった。坂田部長の指示で議案書の中に2ページだけ空白を確保している。税条例案を最後の最後に割り込ませてもらう。

税額100円の根拠は私が作るしかない。

「100円の根拠って言われても、市長が言うたからやのに。あとはワンコインで切りがいいことぐらいか。それらをベースに資料を考えます」

「委員に協力してもらっているのだから、市長が謝罪し、市の誠意を示すべきです」

第1回会議が何故紛糾したのか、どうすれば第2回会議は円滑に進むかは誰にもわからなかったが、次回の打ち合わせはできた。

数日後、市長室にいつものメンバーが入る。坂田部長が説明する。

「東京都のホテル税のように、利用税を新たな税源の確保として考えるという案はありがたいことですが、その議論だと9月議会に間に合いません。早期健全化団体の今の泉佐野市では無理というしかありません」

千代松市長が応える。

「ホテル税を検討したら時間がないのはわかりました。以前から何故失われた税収の全額を求めないんやと思うてたんや。二つ目の案は全額補填を求める案にしたらいいんじゃないですか。補填額はいくらですか」

「失われた税収は１１２億円で国有化が1年延びて7億円入りましたので、残りは１０５億円です。75％が地方交付税で入りますので残りの25％、26・25億円です」

私の説明を聞いて、千代松市長が決める。

「１台１００円、年間３００万台で3億円。『サン・ク』27億円を目指すのが第2案でいいでしょ」

坂田部長が進行の概要を説明する。

「前回の会議では、3年前の市の不手際と言いますが、醜態という表現もありました。市が委員会に相談しないで一方的に条例を廃止したことで、委員の皆さんにまた協力していただく事態になりました。次の会議のどこかで市としての謝罪が必要ではないかと思っていまして、市を代表して市長に……」

千代松市長がテーブルを拳で叩いた。

「おれは謝らんぞ。なんで謝らなあかんねん。条例を廃止したのは新田谷前市長や。条例を廃止して謝らなあかんのやったら、新田谷前市長に謝ってもろたらええんや」

拳はそのままテーブルにあって、肩を少し前に出して千代松市長は前を睨んでいる。テーブルを叩いた余韻が沈黙に変わる。

「次回のシナリオはもう一度考えます」

泉谷副市長が発言し、会議は終わった。

もし謝らなければならないのならば、謝るのは条例を廃止した新田谷前市長とは言いようがあるものだ。ほんの少し感心するが、検討委員会を開催しなければ醜態は追及されない。私は今回の醜態の責任は現市長にあると思うが、本人が謝らないのなら成り行きに任せるしかない。


第2回検討委員会が始まった。

私が市の検討結果を報告した。

新たな財源策として考えようという提案はありがたいが、利用税に取り組む一番の拠り所は、連絡橋の国有化で一方的に取り上げられた税収の補填であること。これは泉佐野市だけのオンリーワンの理屈で、利用者の理解や総務省の同意を得られる可能性を感じる。国が約束を守らないので泉佐野市も話を戻し、利用税の目標は今後失う税額の全て、金額にして国有化で失われる105億円の4分の1の26・25億円と説明した。

失われた税収の半分を回復するこれまでの案に加えて、全額を回復する新しい案の検討を委員会にお願いした。

山下委員が発言した。

「3年前に戻るなら、2分の1補填がどうして全額補填になるのか、理由をはっきりすべきだというのが私の考えです」

総務省が条件を設定した早期健全化団体になり、早期に財政再建が求められている一方で国交省が約束した支援は履行されない。３年間の状況変化を考慮すると、失われた税収の全額補填を求めることは理解できるという意見が出る。

２分の１か全額かという二つの案があるが、当面の目標は税額１００円で5年間の課税。どちらの案を採用しても条例案は同じだった。

税額１００円の根拠が議論になった。私は何を言えば根拠を説明したことになるのかわからなかった。税額の根拠はこうやって作るんだと誰かに教えてもらいたかった。３年前の税額が１５０円で、今度は１６０円、１４０円、１２０円と20円刻みの表を作った。

田中委員長は呟くように言った。

「税額ってどうやって決めるんでしょうねえ」

他の委員も静かにうーんと考えていた。

「税額１００円、ワンコイン、切りがいい。少額」

私は喋らなかったが、私の作った資料から思い浮かぶことは大差なかった。

検討委員会は議論のヤマ場を越えていた。

私はほっとして会議の進行を眺めている。大荒れだった前回と比べ、凪のような会議だった。

18日の毎日夕刊は「国交省が〝偽装支援〟、ピーチ移転『泉佐野市に税収33億円』」と報じた。

（注12）東京都のホテル税＝東京都宿泊税。平成14（2002）年10月1日より実施。税収は東京の観光振興を図る施策に要する費用などに充てられる。

5

9月定例市議会が始まった。短距離走のような2か月が過ぎ、利用税も議案書に滑り込んだ。千代松市長は任期4年のうちに必ず早期健全化団体から脱却するといろんな場面で力説し、財政健全化が進まなければ、市役所内の歳出削減に一層努力すると話す。

「市役所内の歳出削減に一層努力することがどうして人件費のカットになるの？」

私は丹治市長公室長に聞いた。

「市役所内のまとまった経費って人件費以外に何がある？」

それなら千代松市長の発言は、私にとっては「利用税が実現できなければ給料カットだ」ということだ。市長が発言するたびに「できなければ給料カットだ」の声が頭を巡る。関空の橋に税金をかけるなんてできるはずがないと嗤《わら》われながらやっているのに、それができなければ給料を下げられるとは……。

こき使われ続ける自らの境遇が悲しい。言葉は出なくなり、考えるのをやめた。

条例が成立し、総務省に協議書を送付した。

次は総務省への働きかけを指示され、私は坂田部長と東京へ行くことになった。電話やメールでやり取りできますよ、来ていただかなくて結構ですよと言われたが、直接会って説明したいと粘り時間を確保した。

10月12日、総務省に着いた。建物の中の壁にフロア案内があった。これから訪問する自治税務局企画課を見つけた。その直後に坂田部長がアッと言った。

「航空局がある」

本当だ。

自治税務局と航空局のフロア案内はそれぞれ別の壁にあったが、あまり離れていない。建物の構造がわからないので、同じ棟か別棟かはわからないが、フロア案内が近いから入り口は同じだろう。

「総務省とは話していないと国交省は言っていたけど、同じ建物やないか。廊下ですれ違うやろ」

私は霞が関に縁がないので坂田部長に賛成も反対もしない。

自治税務局企画課に入り、税務企画官と会った。坂田部長が利用税や泉佐野市の状況を説明し、できるだけ早く総務大臣の結論がほしいという市長の意向を伝えた。

税務企画官は、国交省の意見を聴く、年末まで様子をみると話した。私が7月に聞いたことと同じだった。

帰りの新幹線、新大阪まで時間はたっぷりある。坂田部長が話しかけてくる。

「竹森君はこれからどうなっていくと思う」

「私は五分五分だと思います」

「どうして」

「どんな理由で総務大臣が同意しないんやろって、ずっと考えているんですが、不同意の理由は難しいですよ。だから、今のところ五分五分です。部長はどうですか」

「国交省が困る結論を総務省が出すことはないよ。国は一つなんやから。不同意の理由なんてなんぼでも考えるよ。結果は不同意に決まってるよ」

「同意しない理由を文字にしないといけないんですよ。同意の理由も文字にしにくいけど、不同意の理由も文字にしにくいですよ。だから五分五分です」

「総務省の段階では99％、いや１００％無理やろ。その後の国地方係争処理委員会（註13）やったら、まだ可能性はある。泉佐野市にとってほんとの勝負は国地方係争処理委員会やわ」

「部長の予想だと、国地方係争処理委員会まで行きますか」

「ここまで来たら行くやろ。そこでだめやったときに裁判するかどうか、そこはわからんけどな」

目の前の総務省協議について、私と部長の見方はどこまでいっても交わらなかった。それでも私は部長の考えをじっくり聞くことができた。

市役所に戻ると市長室にいつものメンバーが集まった。部長の報告を聞いた市長が「利用税は今後どうなっていきますか」と出席者を見て問いかける。

私は総務省との協議というものがどういうことをするのかわからなかった。税務企画官に「3年前は年末まで待った」と言われた。それに対して私は3年前の協議はどこまで進んだのだろうと考えていた。

私が言った。

「実質的な検討は地方財政審議会でやるんだと思います」

「地方財政審議会はどんな組織ですか」

「国が自治体の財政に関することを決めるときは、地方財政審議会の意見を聴かなければならないと決まっています。どんな場合が当てはまるかはいろんな法律に書いてあります」

坂田部長が「国のやることにお墨付きを与える組織ですよ」と持論を口にする。

「5人の委員のうち3人は地方の推薦です。だからそういう言い方は違うと思います」

「地方財政審議会の審議が知りたいですね。竹森課長、東京に常駐して審議会の内容を報告してください」

私は、冗談でしょ、という言葉を呑み込み「えっ、ええ～」と大げさに驚いた。

「税務課長の仕事があります」

「市政の最優先課題です」

私が「冗談でしょ」と声に出せば、市長は机を叩きそうだった。

困った挙げ句「総務省に聞いてみます」と言ってやり過ごした。

市長は話題を変えて清水理事に聞いた。

「国への要望の準備はどうですか」

「10月25日で与党の民主党幹事長、国土交通大臣、総務大臣に要望できるよう地元の長安たかし代議士にお願いしています。議会からは議長を含め12名が参加する予定です」

続けて清水理事は要望書の内容を説明した。

一つ目は利用税が導入できるための支援で、二つ目は利用税が導入されたら負担が増えるという批判があるので、連絡橋の通行料金をさらに引き下げることだった。

市長が「よろしくお願いします」と言って会議は終わった。


私は職場に戻り総務省に電話した。

「地方財政審議会は傍聴できますか」

電話の向こうの担当者が困っているように感じる。

「今までそんなことを聞かれたことがありませんので、どう答えていいのか」

「傍聴して地方財政審議会の検討状況を直ちに報告するよう市長から言われまして、どう答えていいかわからず、総務省に聞いてみますと言いました。すみません」

変な電話をかけている自覚はあるが、市長に説明できなければ行く羽目になる。

「地方財政審議会には、委員以外、説明する担当者しか入りません」

私が「う〜ん、そうですか」と気のない応答をしているとあれこれ話してくれた。

「空港連絡橋利用税ばかりを話しているのではありません」

「他の省庁の案件もありますから、仮に来てもらったとしても空港連絡橋利用税がいつ議題になるかは決まっていません」

「泉佐野市から協議の申し出を受けているのですから、こちらだけで検討して結論を出し、一方的に通知するということはありません」

私は「参考になりました。また連絡します」と言って電話を切った。

今西係長が「東京行くんですか」と聞いてきた。

「市長には東京にずっとおれって言われた。うまく話せなかったらそうなるやろ」

「税務課、ほっといていいんですか」

「市長にどう言うたらいいかわからんから、総務省に電話したんや」

「東京行ったらあきませんよ」

「そんなんわかってるよ」

千代松市長の機嫌を損ねて東京へ放り出されないよう慎重に報告した。

「地方財政審議会は傍聴するような性格の会議ではありません。いつ利用税が協議されるかわかりません。3年前も、結論を待ってくれと11月に言うまでに8回の審議があっただけです」

市長はそれなら時々電話をかけて様子を聞いてくださいと言ったので、東京常駐は免れた。

それから時々総務省に電話をいれると、担当者にまた迷惑がられた。

「泉佐野市から協議の申し出を受けて、総務省は泉佐野市と協議をしていますから、こちらが一方的に決定することはありません。今は総務省の中で検討していて、泉佐野市にお聞きしたいことがあれば連絡をします」

どうも、私たちは協議というものがわかっていないのかもしれない。

私たちとは泉佐野市のことだ。地方分権一括法（註14）が施行されて国と地方は対等になった。地方の権利が拡大した。課税自主権は最たるもので、法定外税が許可から同意になった。しかし、許可から同意に変わっても、国が納得しなければ『○《まる》』にならないのだから、実質は変わっていない、言葉の意味も国が勝手に決めるんだからと市長室に集まるメンバーの何人かは言う。

（国が勝手に言葉の意味を決める）

私にも思い当たることがある。『縦覧』だ。ずっと前から固定資産税に縦覧制度がある。誰でも「うち」の税金は高いという疑問を持つ。この疑問は他と比較しない限り解消しない。『縦覧』はそのための制度で、他と比較するために、『全体を把握するために見る』（覧）ことであり、『ほしいままに』（縦）見ることだ。優秀な自治体は、地方税法の趣旨を理解して、他人の資産と比較できる資料を用意していたのかもしれないが、泉佐野市には長い間、そんな資料はなかった。だから土地、家屋の税額を納得してもらうのに四苦八苦した。そのうち、『縦覧』という日本語の「自由に、ほしいままに」という本来の意味すらわからなくなってしまった。

他人の資産を一時的に見ることができるようになり、『縦覧』本来の意味が生き返ったのは21世紀になってからだった。

泉佐野市と総務省は協議をしているので総務省が一方的に決定することはない、と担当者は言う。担当者の言うことを信じ、『協議』とは泉佐野市が納得しない決定を総務省は行わないことだと私は理解したい。しかし、私は許可と協議の違いがよくわかっていないので、市長室に集まるいつものメンバーに伝わらない。「国は一つだ。国交省が困るような判断を総務省がするはずがない」と言われると私は反論できない。

11月、NEXCO西日本から、利用税の徴収方法などについて説明したいと電話があった。7月に訪問した後、私は何度かNEXCO西日本に電話をかけた。利用税を徴収するまでの期間は数年と言われていたので、万が一にも大臣の同意が出たら、その後の協議はできるだけ短期間で済ませたかったからだ。さらに、総務省と協議する際『NEXCO西日本とは協議中』と言える状況を作りたかった。

泉佐野市役所で説明を受けた。NEXCO西日本の担当者は大臣の同意から徴収の開始までを3段階に分けて説明した。

第1段階は、協議と発注準備の期間だ。税の徴収方法を決定し、クレジットカードやETC規定について関係機関と調整し、どちらが費用を負担するのかを協議して泉佐野市と協定を締結し発注準備を行う。

第2段階は、工事期間だ。料金所とETC機器とシステムの改修を行う。

第3段階は、諸準備の期間だ。徴収の開始に向けて、利用者への周知と広報及び料金所に従事する人たちの研修を行う。

次に、それぞれの段階に必要な期間の説明があった。第3段階はそれほどかからない。第2段階は4か月から6か月程度。問題は第1段階で、どれだけ時間がかかるかわからないということだった。

「ETCシステムで税を徴収できるかどうかを決めるのはNEXCOではありません。国交省道路局です。我々は道路局にお伺いを立てるだけです。それに対して道路局がいつ回答をくれるのかわかりません。1週間後か、1か月後か、回答がないのかもしれません。NEXCOは道路局に従うだけです」

ETCで税を徴収するイメージが少し湧いた。経費の総額も知りたかった。

「関空会社から移管されたとき、関空料金所の機械の交換で『数千万円』かかりました。システムを変更する費用は業者に積算してもらわないと正確にわかりませんが、これまでの経験から推測すると『うん千万円』と思います」

私は「うん千万円！」と素っ頓狂な声を上げた。

「うん千万円って、1から9までのどの辺りですか」

「それは何とも言えません。今は『うん千万円』としか言いようがありません」

市長やいつものメンバーに『うん千万円』と報告しなければならない。私は『うん千万円』とは1億円からも1千万円からも離れていると理解することにした。

NEXCO西日本の情報は総務省との協議に大いに役立つ気がした。

同時に、何故この時期にNEXCOは説明にきたのかという疑問が浮かんだ。

私がしつこく電話をしたので渋々やってきた、ということはあるまい。

泉佐野市に来たのは関西支社の課長代理2人だったが、彼らの説明は簡潔でわかりやすかった。社内でよく練った資料だろう。泉佐野市に行くように命じたのは関西支社か、本社か、はたまた国交省道路局かと考えを巡らせた。

7月にNEXCO西日本を訪問したときの説明はわかりやすかった。大臣の同意が得られれば実務的に協議に応じざるを得ないということだった。その説明に私は、実務協議を重ねていけば税が徴収できる可能性があると感じ、電話とメールでいろいろと尋ねた。

ETC徴収ができるかのように思い込んだ私の行動に水を差そうと、協議に応じることは税徴収ができることに繋がらない、税徴収ができるかどうかは道路局の判断だ、とわざわざ念を押しにNEXCOは来たのではないか。

他方、ETCは高速道路の料金を収受する仕組みで、税の徴収はできないとNEXCOはどうして言わないのかという疑問が改めて浮かんだ。そう断言できない何かがあるに違いないと思った。

（註13）国地方係争処理委員会＝地方自治体と国の間で争いが生じた場合に、問題を迅速に解決するために両者の間に立ち、公平・中立に調整を図る総務省に常設されている第三者委員会。

（註14）地方分権一括法＝地方分権を推進するために、地方自治法など475件の法律について必要な改正を定めた、平成12（2000）年施行の法律。

6

総務省からも国交省からも何の連絡もなく年末になり、来年度の政府予算案が発表された。国交省が動いた様子はなかった。

年が明け、坂田部長が税務企画官に電話した。

地方財政審議会が直近で利用税を取り上げたのは10月26日だったと知らされた。

数日後、今度は総務省から私に電話があった。

「泉佐野市の意見を聴く場を設定しようと考えています。日程の調整をお願いします」

「泉佐野市は誰が行けばいいんですか」

「市長さんの出席をお願いします。大きな案件のときにはこれまでも行ってきました。横浜市の勝馬投票券発売税（註15）のときもやりました」

地方財政審議会の委員が泉佐野市と国交省の両方から、1時間ずつ意見聴取を行う。マスコミに公開する。泉佐野市は必ず市長が出席してください、他数名の出席がＯＫですと言われた。当日の質問事項は事前に送るので、文書で回答してほしい、当日はそれを中心に委員が質問するとも言われた。

「空港連絡橋利用税は大きな案件」

総務省に言われ、自分が関わっていることの大きさに少しだけ心が躍った。

2月に入り地方財政審議会の出席依頼が届いた。国交省が午後2時から、泉佐野市が午後3時からで、それぞれ1時間程度と書かれていた。

地方財政審議会の委員に直に訴える。

空港連絡橋利用税は、国の経済施策に影響を与えるかどうか、このことについて、地方財政審議会は、主張の対立する泉佐野市と国交省の両方から別々に話を聞いて判断するのだ。「重大な影響は与えない」という泉佐野市と「重大な影響を与える」という国交省の直接対決とも言える。

その後の地方財政審議会の審議は、より説得力のある主張を行う側に有利に進むだろう。この日の出来映えが今後を決める。

泉佐野市にとって史上最大の戦いと言えるだろう。

2月16日になった。

坂田部長と清水理事が先乗りして国交省の意見聴取を傍聴した。

私と千代松市長は、3時に間に合うように向かい、2時過ぎに総務省がある建物に着いた。

どこかで時間を潰さなければならない。事前にもらっていた案内図で適当な場所を探すと、会場の近くに喫茶コーナーがあった。千代松市長にはそこで待機してもらい、私は辺りを歩いて館内の配置を頭に叩き込んだ。国交省の意見聴取が終わるとすぐに市長を会場に誘導しなければならなかった。

建物はL字型をしていて、通路を左に曲がって少し行くと地方財政審議会の今日の会場があった。

経路を確認し、私の今日の役目の大半は終わった。

安心してコーヒーを飲んでいると喫茶コーナーの窓の斜め向こう側、L字の建物の曲がった場所の会議室が見えた。狭い部屋が大勢の人で埋まっていた。国交省の意見聴取をしている最中だった。私は千代松市長に「会場はあそこです。今やっている国交省の意見聴取が見えます」と伝えた。千代松市長は私が指さした方向をちらっと見たがすぐに視線を戻した。そして動かなくなった。精神統一をしているようだった。

3時前に会場がある通路の方から多くの人が溢れ出てきた。国交省の意見聴取が終わったようだ。喫茶コーナーの付近はどっと人で溢れかえった。坂田部長と清水理事が私たちを見つけてくれた。

軽く挨拶して2人に話しかけた。

「ご苦労さまです。どうでした」

2人同時に話しだす。

「ゆっくり話している時間はありません。すぐにうちの番が始まります」

「国交省は言いたい放題やったで」

「ピーチの話は内緒って言うていたのに、支援策って書いているんです。支援策じゃないって言うていたのに。ひどいです」

「道路局は来ていなかったな」

私は2人に聞き返した。

「書いていたってどういうことですか」

清水理事が教えてくれた。

「中に入ったら、資料がもらえます。総務省は泉佐野市にたくさんの質問をしていましたが、うちと同じくらいの質問を国交省にもしていたんです。その質問と国交省の回答、泉佐野市の分もそうですけど。それと泉佐野市と国交省の回答比較表が今日の資料です」

市長は、先発隊の2人に「ご苦労さまです」と声をかけて私たちの話を聞いていた。

後ろから「ちょっとすいません」と声をかけられた。

「泉佐野市さんですよね。会議の前に市長さんの今の心境を取材させてほしいんですが」

記者が声をかけてきた。泉佐野市を探していたのだろう。「時間がありません」と答えると「ひと言だけでも」と言われた。私が頭を下げて「今はお断りします」と言ったらやっと諦めてくれた。

定刻が近づき、会場に入ると総務省の担当者がいた。

「ご苦労さまです。急遽、会議を設定したのでこんな小さい部屋しか空いていなかったんです」

そう言って私たちを入り口近くの席に案内した。

担当者の言うとおり、会場は狭かった。私たちの席はそれほどでもなかったが、奥の席は体を斜めにしないと辿り着けない場所もありそうだった。私たち泉佐野市の席は4人が横1列で、向かいは地方財政審議会の委員の席で5人が横1列になっていた。私たちのテーブルと委員のテーブルはとても近く、隙間はせいぜい数十センチで、軽く手を伸ばせば握手ができそうだった。

(国の委員会ってこんなところでやるのか)

これまでテレビで見たことのある委員会はどれもゆったりしていた。しかし、今日は全く違った。委員の後ろ側にパイプ椅子が何列かあった。私たちと向かい合った委員の後ろの席だから総務省職員の席だろう。私たちと地方財政審議会、総務省職員の席の一団の横に傍聴席、報道陣席があった。

総務省は1週間前に報道陣に連絡した。報道陣に送った案内は『地方財政審議会傍聴登録票』が付いていて、傍聴する場合の人数とカメラ取りの希望を書くようになっていた。希望多数のときは調整させていただく場合ありと書いてあった。

委員が席に着いて定刻になった。

「それでは、予定の時刻になりましたので、ただ今から地方財政審議会を行います。本日は、千代松市長もおいでになられまして、本当に忙しい中、ご参集いただきまして、心より御礼申し上げる次第でございます。私は、地方財政審議会の会長をしております神野《じんの》でございます。本日は議事を進行させていただきます」

いきなり、神野会長が話し始めた。

（この人が『神野直彦』か）

地方財政審議会の委員の中で、私は「神野直彦」会長の名前だけを知っていた。月刊『税』の巻頭論文をよく書いていた。以前、何かで見た略歴に大阪市立大学があった。私の出身校で、それだけで親しみを感じた。

地方財政審議会の委員は5人で、そのうち3人は地方団体の推薦だった。全国知事会と都道府県議長会の共同推薦が1人、全国市長会と全国市議会議長会の共同推薦が1人、全国町村長会と全国町村議会議長会の共同推薦が1人だった。5人の委員を見ながら、地方団体の推薦した人は誰かと考えたが、外見からわかるはずはなかった。

神野会長は、泉佐野市が総務大臣に空港連絡橋利用税の協議の申し出をしていること、これについて地方財政審議会は地方税法第670条の2に基づいて、総務大臣に対して意見を申し述べることになっていること、泉佐野市が一度協議を取り下げたことがあるので、本日は泉佐野市から直接ご意見を拝聴したいと思いお集まりいただいた、と説明した。

カメラもここで退出してくださいと指示をした。

私は会議の簡潔な進行に驚いた。

私が泉佐野市で検討委員会を準備したときは、司会者の役割はこれとこれだとか、報道陣は別室にしないといけないとか、これまでの慣例を事細かに教えられて、それに少しでも外れていると「竹森君はこういう経験がないのか」と、さも私が間違っているように言われた。私が提案した簡潔な運営を批判した全ての連中にこの場面を見せたかった。

会議が本題に入った。10項目の事前質問に文書で回答していて、神野会長はそのうちの五つの項目についての説明を千代松市長に求め、千代松市長が説明した。

その後、委員からの質問が始まった。

最初は佐藤委員だ。

「普通の有料道路の場合は、その脇に必ず、無料の道路というか無料のアクセスがあるのに連絡橋にはありません。他の高速道路とは違いますが、条例を作るときにどんな議論があったのか教えてください」

この質問を聞いて私は唖然とした。

(おいおい、連絡橋を高速道路にしたのは国やろ。無料のアクセスがない高速道路を作ったのは国やろ。国有化したらあかんて言うてるようなもんやんか。何で我々がそれに答えなあかんねん)

私は佐藤委員が地方団体の推薦した委員かどうかを考えている余裕はなかった。

坂田部長が答える。

「元々、連絡橋は一般の有料道路ではありませんでした。空港と一体の関空会社の償却資産だったのです」

佐藤委員が質問する。

「国交省は、他の団体が自分の区域の有料道路に課税するようになると、他への波及を懸念しています」

坂田部長が答える。

「他の団体がうちと似たような税を考えるかどうかは我々がコメントすることではありません。総務省が不同意3要件に従って検討することです。我々の主張は全国を見ても特殊なオンリーワンの理屈だと考えております」

不同意3要件とは地方税法の規定だ。地方公共団体が総務大臣に法定外税を新設する協議を申し出た場合に、不同意3要件に該当しなければ総務大臣は同意しなければならないと書かれている。

中村委員が質問する。

「関係団体への意見照会は全て反対意見だったが、この意見をどう思われるのか、お答えの中でははっきり読み取れません」

中村委員は地方団体の推薦した委員だろうか、私は質問から推測できなかった。

坂田部長が答える。

「検討委員会の結果報告書の中で『補填がなされていない現状では負担を求めざるを得ない、やむを得ない、心苦しいけれども』となっているとおり、心苦しいけれどやむを得ないということです」

松本委員が質問する。

「国交省がやろうとした空港アクセスの改善が国の経済施策に当たるかどうか、空港連絡橋利用税がそれに対するかなり重要な阻害要因になるかどうかがポイントだと思います。泉佐野市の考え方は、アクセスの改善は国の経済施策に当たるけれども100円程度の課税は大した影響がないということですか」

坂田部長が答える。

「アクセスの改善が国の経済施策に当たることは否定しませんが、平成16（2004）年の社会実験の結果から申し上げても、それほど大きな影響はないと考えています」

神野会長が質問する。

「固定資産税は地方自治体の唯一の独立税で基幹税です。それが国の政策によって勝手に非課税措置を取るようなことになると、市の財政が運営できないということはわかります。ですが、関空会社が負担していた固定資産税がなくなり、泉佐野市の税収がなくなったから、利用者に負担させるという考えはいかがなものかという議論が出てきます。どうお考えです」

坂田部長が答える。

「元々連絡橋の通行料金の中に固定資産税相当分が入っていたと考えています」

神野会長が反論する。

「入っていません。固定資産税は直接税です。今の法律では直接税は転嫁されていないという考え方です。それを固定資産税がなくなったから利用者に負担させるのは、納税義務者も税金を負担する者も変えてしまっていて、不合理な気がします。このことが不同意要件に入るのかという問題はありますす」

神野会長の語気は強かった。泉佐野市のやっていることは不合理だと、私は「先生」に叱られている気がした。それでも泉佐野市のやっていることは同意しない理由にはならないと神野会長は言っているようだった。

神野会長が時間を見て、もうそろそろ最後の質問になりそうだと言って発言した。

「時間がありませんので、千代松市長さんに今後国土交通省なり関空会社と話し合う用意があるかどうかという意思をお聞きします」

千代松市長が答える。

「そういう意思はございません」

少しだけ沈黙。神野会長が再びゆっくりと尋ねる。

「ない、ということですね」

千代松市長はすぐに口を開かなかった。

私は俯き加減で座っていた。千代松市長の次の発言が最後という雰囲気が十分あった。

横目で見た。

市長は伏し目がちに斜め前を見つめていた。ほんの少しの時間がとても長く感じた。

「はい、申し訳ございませんけれども、こういう形でお願いします。泉佐野市としては国交省さんにこれ以上騙されたくないという気持ちは正直持っています。けれども、何らかの形で補填していただかなければならないと考えています」

意見聴取は終わった。

各委員の質問を聞いても、誰が地方団体の推薦した委員なのかはわからなかった。

後日、国会の会議録を見つけた。地方財政審議会に旧自治省、総務省の幹部官僚が交代で選任されているとして、日本共産党は佐藤信委員、中村玲子委員に反対していた。私は委員の経歴を知らないし、地方団体の推薦した3委員が誰かも知らないが、日本共産党が賛成した3人と符合すると思った。

会場を出て、喫茶コーナーに来ると報道陣に囲まれた。市長も坂田部長も清水理事もそれぞれが記者に囲まれ質問された。私も関空担当の記者から感触を聞かれた。

「初めてのことで緊張し、良かったのか悪かったのか全然わかりません」

記者は声を弾ませて言った。

「泉佐野市の意見聴取は良かったですよ。国交省のはひどかった、ガタガタですよ。委員から何度もそんな説明じゃだめだって言われていましたよ。いやあ、泉佐野市良かったですよ」

私も急に声が弾んだ。

「ありがとうございます。あなたの言葉で今日1日の疲れが吹っ飛びます。うれしいです。ありがとうございます」

泉佐野市の何が、どこが良かったのかまでは聞けなかった。しかし、国交省よりも泉佐野市の方が説得力があった、出来が良かったと記者は言いたかったのだろう。

（註15）横浜市の勝馬投票券発売税＝横浜市内に設置されているＪＲＡ場外馬券売場のみを対象に、馬券売上の一定割合について市税として課税するとした法定外普通税。そもそもＪＲＡは、馬券売上の一部を国庫納付金として国に収めることを制度の根幹としており、二重課税であるとの批判が強く、施行に至ることなく平成16（２００４）年2

月条例廃止となった。

7

地方財政審議会から数日後、いつものメンバーが市長室に集まった。

「総務大臣の協議はこれからどうなるんでしょう」

市長が出席者に意見を求めた。

坂田部長が意見を述べる。

「総務省は泉佐野市と国交省の両方から意見を聞いたので、いつ不同意の判断が出てもおかしくないと思います」

私は坂田部長とは違う意見を言う。

「国交省の意見聴取を聞いていないので、泉佐野市の出来が良かったか悪かったか、私は判断できませんが、関空担当の記者が東京に来ていて話してくれたんですが、泉佐野市の方が良かったって自信満々に話していました。私は同意されるかどうか、前は五分五分でしたが、この記者の言葉を聞いてからは6対4で、同意になると思っています」

坂田部長が付け加えて言う。

「うちの出来の方が良かったという感触は私もあります。地方財政審議会はうちの出来の方が良かっ

た と思います。前は10対0で絶対に同意されないでしたが、今は8対2くらいになったと思います。国は国交省に不利な判断はしないと思うので、結局、最後は何かと理由をつけて不同意にします。だから、泉佐野市としては同意されなかったときの準備を始める必要があると思います」

清水理事は私や部長のように五分五分とかの言い方はしない。

「新聞報道を見ますと、泉佐野市と国交省の主張は平行線というものが多いです。今後のことは何とも言えないと思います」

総務大臣の判断はいつ頃になりそうかという市長の問いに坂田部長が答える。

「以前、税務企画官は年度内に判断をしたいと言いました。あとひと月余りで年度末ですから、そんなに先のことではないと思います」

「わかりました。しばらく様子を見ましょう」

市長の発言を合図に市長室を出た。

数日後、総務省の担当者から私に電話があった。

「先日の地方財政審議会で、時間の都合で確認できなかった事項があります。メールを送りましたので3月1日までに回答をお願いします」

添付ファイルに質問が三つ書いてあった。一つ目は、空港連絡橋利用税において、誰を特別徴収義務者（註16）に指定する予定か。二つ目は、指定予定先との調整は行われているか。また、どのような調整状況か。三つ目は、具体的にどのような形で賦課徴収を行うのか、だった。

新税が実現可能な仕組みかどうか、どのような徴収方法かということは総務大臣が同意しない三つの要件に入らないが、協議をしているのだから質問に答えるしかない。

一つ目、二つ目の答えは、昨年NEXCO西日本から正式ではないが、実務的に協力せざるを得ないという返答をもらっていたのが役に立つ。三つ目の答えは、ETCシステムでの徴収をNEXCO西日本に伝えていること。NEXCO西日本からは「システムを改修する費用の負担が問題」と言われたこと。泉佐野市が「どれくらいの費用がかかるか」と聞くと、「システムの改修は徴収方法によって変わるので、徴収方法を指示してほしい」とやりとりしたことが役に立つ。

同じ頃、税務企画官から坂田部長に電話があった。

用件は二つで、一つ目は「メールを見てください」と言われた。

「地方財政審議会より『泉佐野市に対し、国土交通省をはじめとする関係者とさらなる話し合いを行うよう、総務省から働きかけるべきではないか』との指摘があった。これを踏まえ、貴市に対し、国土交通省との間で対立点となっている事柄等について、同省及び関係機関との協議を再度尽くされるよう」という文書だった。協議の状況を3月16日までに報告するようにとあった。

税務企画官は国土交通省にも同趣旨の文書を送っていて、マスコミに公表していますとつけ加えた。

二つ目の用件は、国が同意しても利用税が実施できなければ、国は実施できないものに同意したと言われる。それは困るので、国が同意すれば徴収に協力するとNEXCO西日本から同意を取ってほしいというものだった。

坂田部長に聞かれた。

「竹森君はどう思う。NEXCOの同意はもらえるかな」

「税務企画官の言うことは尤もだと思います。当事者と協議していない税は、検討を重ねたとは言えないと思います。

ただし、NEXCO西日本は国交省が9割以上の株式を所有する会社で、国交省の管轄下にあります。総務大臣の判断がいつ出てもおかしくない時期に、改めて協力してくださいと言えば、同意されるかどうかの決定権をNEXCO西日本に委ねるようなものです。

こちらが依頼をするとなれば、徴収に協力するということを書面で回答してほしいとNEXCOに求めることになるでしょう。そうなればNEXCOから詳しい事情の説明を求められます。

それにNEXCOがすぐに文書で回答するとも思えません。今NEXCOに連絡をするのは、拒否してくださいと言うようなものです」

「税務企画官にはどのように返答しようか」

「NEXCO西日本の課長レベル以下とは話をしていますし、徴収する上での課題を書いた文書をもらっています。今の時期にNEXCOに依頼はできないと言うしかないでしょう」

元々、坂田部長は私と同じ考えで、自分の考えを再確認するつもりで来たようだ。すぐに「わかった」と言って戻っていった。

後日、坂田部長がこの後の電話のやり取りを教えてくれた。

税務企画官は同意しても実現できなければ困ると繰り返したが、こんな時期にNEXCOの了解を取り付けるよう求めるのはおかしいと言って坂田部長は譲らなかったそうだ。

市長室にいつものメンバーが集まった。

坂田部長は税務企画官とのやり取りを報告してから言った。

「再度、国交省や関空会社と協議しろと言うのは、総務省はあくまでも同意する気はなくて、不同意の理由を探しているんです」

清水理事は「総務省の要請に応えないのはまずいと思います」と話す。

千代松市長が作戦を思いついた。

「こうしましょう。国交省に文書で協議を申し入れましょう。そして、文書には、協議は公開で行うことと支援策を文書で提示することを求めましょう」

数日後の土曜日の夜、坂田部長から電話があった。

「市長から連絡があって、明日、打ち合わせをしたいそうだ。都合が悪ければ仕方ないが、集まることができる人だけででもやりたいそうだ」

私は「大丈夫です」と答え、月曜日まで待てないほどのどんな事態が起きたのかと不安になった。

翌日の日曜日の午後、いつものメンバーのほとんどが集まった。

泉谷副市長が話しだした。

「航空局の担当者が関空に来た。昨日会ってきた」

重大な報告が続く予感がした。

「公開の協議はしない、支援策は文書に書かないと航空局は言った」

副市長がひと息ついた。

私は拍子抜けして「今日集まったのはその報告のためですか」と聞いた。

「いや、解決金として現金で1億円を用意すると言うた。みんなの考えを聞きたくて集まってもらった」

1億円を取るか、それとも蹴るか、めいめいが意見を求められた。

沈黙が始まった。

やがて、判断できないという意見があった。

泉佐野市が求めてきた補填額に程遠く受け入れられないという意見が出た。

私の番になった。

利用税の協議は、今は少しだけ有利だが、今後のNEXCO協議まで見通すと実現できる気がしない、何とか理由をつけて幕引きをしてほしいと言った。

市長は真剣な表情で真一文字に口を結んでいた。会議の最初に「ご苦労さまです」と言い、終わりに「ご苦労さまでした」とだけ言った。

千代松市長はずっと後になって話した。

「あちらこちらからいろいろな声があり、眠れない日々が続きました」

親しくない人から食事の誘いがあって、それを断ると青年会議所の先輩から誘われた。会食の席に行くと関空会社の会長が座っていて『何とか手打ちを』と切り出された。返事を渋っていると『航空局がその気になれば10万都市なんかどうにでもなるんだ』と口走った。恫喝やった」

泉佐野市は総務省に報告した。

「協議の実施には至らなかった」

地方財政審議会は、泉佐野市と国交省に再協議を要請する一方で、行政法と租税法の専門家から意見を聴いた。

私が総務省の質問に回答すると次の質問が届いた。利用税を徴収するためにＥＴＣ省令の改正は必要か。利用税条例を制定する際に省令の改正は必要なかったのか。

これに対して、ＥＴＣで税が徴収できるかどうかを判断するのは国交省だとＮＥＸＣＯ西日本から言われている。省令の改正が必要かどうかを判断するのも国交省だと私は回答した。

さらに質問がきた。

今度はＥＴＣのクレジットカードで税の徴収ができるかどうかだ。私はずっと同じ疑問を持っていた。その私の唯一の救いは、ＮＥＸＣＯが「ＥＴＣで税は徴収できません」と言わないことだった。直接会ってＥＴＣ徴収の話をしているにもかかわらずだ。大臣の同意が得られれば協議することになっていると答えた。

総務省からさらに質問がきたが、私は同様の返答をした。

地方財政審議会に出席してから1か月が過ぎた。大臣が判断する時期は年度内と言われていて、年度末まであと2週間になった。

私はこの1か月の総務省協議を振り返った。

泉佐野市と国交省は再協議の調整を行い、総務省から私にＥＴＣ徴収の質問がきた。

（これは大臣が同意しない場合の、三つの要件のいずれでもない）

頭にぴんと閃いた。

（あれ、変だな！　総務省は不同意3要件を検討していないのか）

そわそわ、うきうきしてきた。

3要件の検討はどうなっているんだ。

総務大臣が同意する基準は地方税法671条に書かれている。

「次に掲げる事由のいずれかがあると認める場合を除き、これに同意しなければならない」

第1に、国税又は他の地方税と課税標準を同じくし、かつ、住民の負担が著しく過重となること。

第2に、地方団体間における物の流通に重大な障害を与えること。

第3に、前2号に掲げるものを除くほか、国の経済施策に照らして適当でないこと、である。

「国の経済施策に照らして適当でない」の検討はもう終わっているのか。もし仮に、既に終わっていて、その結論が同意しないだったとしたら、税の徴収方法を質問するだろうか、いやしない。

ということは……。

私は居ても立ってもいられなくなった。

清水理事のところに走った。

「総務省協議、最近、流れが変わっている気がするんです」

清水理事は低く小さな声で言った。「実は、私もそう思っていたんです」。私の中で大臣同意の得られる可能性はハチ・ニーと大きくなった。席に戻った私は、パソコンの画面に「総務省同意後の課題」

と打ち込んだ。

千代松市長は今後の作戦を考えていた。

霞が関で意見聴取を受けた後も泉佐野市は不利になっていないという感触があった。

そこで世論をもっと味方につける方法を思案していた。

まちの活性化プロジェクトチームは、昨年市長に就任した直後に作った組織で、命名権の募集、いわゆるネーミングライツを検討させてきた。

印象に残る募集を行うために「あらゆるものを」命名権の対象にした。

例として「市の名称」「市の愛称」「市庁舎等の愛称」を挙げた。

「市の名前を売らなければならないほどの財政危機」という言い回しにインパクトを感じた。

国交省との再協議は実現しなかった。支援策を文書で示せという泉佐野市の対応が原因のように報道された。

不利な方向に世論が動く気配を感じた。

（今だ！）

プロジェクトチームリーダーを呼んだ。

「今すぐ、ネーミングライツを報道提供してください。命名権の対象に市の名称が入っていると、はっきりわかるように発表してください」

3月22日の新聞は、大見出しで「泉佐野市　市の名前売ります」、小見出しで「財政難で苦肉の策」

「名称売却は前代未聞」と報じた。紙面から泉佐野市と国交省の再協議は消えた。千代松市長は局面を変える作戦が当たったたと確信し、市長室でひとりガッツポーズをした。

一方、私は違った。ネーミングライツが市長の『作戦』だと知らない。

「またわからなくなった」

市の名前売りますという報道を見て、頭を抱えた。ふざけている。悪手にしか見えなかった。

市長室にいつものメンバーが呼ばれた。私は総務省の感触を聞かれた。

「年度内を目標に進めていると、総務省に言われました。先週です」

今年度も残すは1週間。毎日総務省に電話するように市長から指示された。

向こうに迷惑でしょと言いたいところだが、別の言葉が出た。

「わかりました。今日もこの会議が終わったら電話します」

千代松市長は、「市の名前売ります」報道の効き目を知りたかったとは、この時は全く思わなかった。

「これから毎日、電話をするように市長から言われましたので、よろしく」

総務省の担当者は笑っているようだった。

私が「どうですか、泉佐野市に連絡することはないですか、年度内に判断するという方向性は変わっていませんか」と電話を続けていると、これまで年度内と言っていた担当者が「年度内をめどというのは変わりませんが、4月にずれこむかもしれません。消費税のことがあって上の方がつかまりません」と言った。消費税の引き上げを巡って政府は忙しかった。私はすぐ市長に報告した。

年度最後の日も総務大臣の判断はなかった。4月になると新たな問題が出てくる。総務大臣の同意が得られなかったら、泉佐野市は国地方係争処理委員会に審査の申し出をするだろう。その審査を申し出る期限は大臣の判断から30日以内だ。この30日間にゴールデンウイークが重なると審査申出書を作成する期間が短くなる。私はもうほとんど同意されるものと思っていたが、結果をみるまで本当のことはわからない。

さらに私の役職が変わった。税務課長から税務担当理事兼税務課長になった。昇格したが困ったことがあった。総務省とのこれまでの協議で、私は担当者と、坂田部長は税務企画官と連絡を取り合ってきたが、これからは全て私1人でやらなければならない。

4月に入って数日が経った午後、総務省の担当者から電話があった。

「財務省から質問がきています。空港があることによって、具体的にどういう施設が必要で、泉佐野市としてはどのくらいの追加的費用があるのかを教えてほしい、記載例はメールで送ります。わかりやすくまとめてください。今日中に返事がほしいと言っています」

財務省からの質問！

今日中の返事！

事態が急に動いた。

総務大臣は、法定外税の協議を受けた場合は、財務大臣に通知しなければならない規定がある。利用税の協議書は昨年9月末に送付したにもかかわらず、何故半年以上も経ってから財務省の質問がくるのか。総務省の対応に不信を感じた。

新しい局面に入ったことは間違いない。小さな不信に固執している暇はない。財務省の質問に回答しなければならなかった。

財務省から総務省を経由して質問がきて、回答は逆の流れだ。このやり取りがこの日の夜まで続いた。

（大臣が同意するXデーは近づいている）

大臣協議は新たな段階に入ったと感じさせる財務省の質問だった。

翌日から、私はまた総務省に電話をして様子を窺った。

4月11日だった。

ここ数日はいつも昼前に総務省に電話をしていた。

いつもの時間が近づき、そろそろ総務省に電話をしようかと思ったとき、向こうからかかってきた。

「本日午後、税務企画官が連絡します。対応できるようにお願いします」

（ついに来た！）

同意の連絡に間違いない。すぐに市長やいつものメンバーに連絡した。記者会見の準備や市長コメントの準備、マスコミ対応などの役割は事前に分担していた。

すぐに記者から電話があった。

「総務省が午後から泉佐野市のことで記者会見をやると言ってきたけど、何か聞いていますか」

マスコミの情報の早さに驚いた。「聞いていない」と返答した。他の電話にも同様の対応をするよう松本課長代理に伝えた。

午後2時を少し回った頃、電話が入った。

「総務省自治税務局の市川です」

税務企画官は最近異動があったようで、市川という名前は初めてだった。市川税務企画官は太くしっかりした声だった。前の税務企画官とも担当者とも違う、市の職員にもいない声だった。初めて聞く予想外の声質に耳が馴染まず、私は一層緊張してしまった。

「本日、13時30分から川端総務大臣が記者会見をして、泉佐野市の法定外普通税空港連絡橋利用税に同意することを発表……。総務大臣は同意にあたって、……利用者の理解を得るよう……、特別徴収義務者と……十分協議を進め……。

泉佐野市においては、この助言に従って取り組まれるようお願いします」

私は、税務企画官の話を全て聞き取ることができなかった。相手の言ったことを復唱することも忘れた。

大臣が同意した、条件がついた。この二つは間違いなかったが、法定外税の同意は総務大臣が記者会見をして発表するとは予想していなかった。

横にいた清水理事に質問された。

「13時30分？　もう過ぎていますね。今のが同意したという連絡ですか？　文書はないんですか？」

泉佐野市は総務大臣が同意したことをどの文書で正式に確認するのか、このことを総務省に確認するように清水理事から事前に助言を受けていた。

しかし、緊張して忘れてしまった。さらに、自分が聞いたことに自信がなくなってきた。

「あれ、13時30分じゃなく、3時30分の聞き間違いだったかな」

総務省の担当者に電話したが繋がらない。

市長の記者会見の時間を17時に設定して様子をみた。しばらくして、総務大臣の同意がメールの添付ファイルで届いた。しっかりとメモできなかった技術的助言が付いていた。

「一　泉佐野市外の住民も含め不特定多数の者が空港連絡橋を利用することに鑑み、空港連絡橋利用税の課税について、同税の納税者となる空港連絡橋の利用者及びその他の関係者に対し、十分に周知し、理解を得るように努めること。

二　今後、空港連絡橋利用税の特別徴収義務者となる者と同税の徴収方法等について十分に調整を進め、同税の円滑な運用に努めること」

その後、14時39分に報道発表資料一式というメールが送られてきた。15時30分に発表しますので取扱注意と添えられていた。添付ファイルを開けると7ページあった。これも予想外だった。私は総務省ホームページで過去の法定外税の同意の報道資料を全て見ていたが、どれも1枚、1ページだった。それが利用税は7ページもあった。1ページ目は他の法定外税と同じ様式の報道資料だった。2ページ目は、総務大臣の同意の写し。3ページ目は総務大臣の助言。4ページ目は、総務大臣は泉佐野市に助言を行うべきだという地方財政審議会の意見。5ページ、6ページは地方財政審議会の議事要旨で、空港連絡橋利用税が総務大臣の不同意要件の1号、2号、3号の各要件に該当しないことを簡潔にまとめていた。最後の7ページは地方税法の抜粋で、法定外普通税の新設の手続きや不同意要件を記載していた。不同意要件とは、総務大臣が法定外税に同意しない場合の要件で、これに該当しない場合は同意しなければならない。

時間とともに、私のミスはどうでもいいものになっていった。15時30分になると総務省ホームページに報道資料が載った。7ページ全てが載っていた。大臣の同意は何時何分だったのか、正確にわからない。今後は大臣が4月11日に同意したと残る。

後日、私は知ったのだが、総務省ホームページの中に「地方税制度」という画面がある。そのトピックスに「平成24年4月11日　大阪府泉佐野市法定外普通税『空港連絡橋利用税』について」があった。私が物語を書いている令和2年になっても掲載されていた。

ここに2月16日の、地方財政審議会が行った意見聴取の全ての資料と詳細な議事録があった。

7ページにわたる報道資料、地方税制度のトピックス、さらに2月16日に地方財政審議会が意見聴取した記録。

地方財政審議会における有識者の意見聴取。総務省が利用税を検討するために莫大な労力を費やしたことがわかる。利用税は税の歴史に刻まれると私は感じた。

総務大臣の同意を得たことで、私はひとつの達成感を味わっていた。これから先、税の徴収が実現するかどうかはわからないし、徴収できる可能性は低いかもしれない。しかし「大臣が同意するはずがない」と囁われ続けたことが実現した。私は担当としていやいや取り組んできて、大きな役割を果たしたわけではないけれども、それでも実現不可能なミッションの主要なメンバーの1人であったことを誇らしく感じている。

大臣の同意を得た。

次はNEXCO西日本との協議が待ち受ける。

私は、自分の立場が真田親子に重なる気持ちだった。徳川勢を追い返し、上田城を死守した真田昌幸、信幸、幸村親子が、当面の敵には勝ったがこれからの苦難に思いを馳せる場面だ。

できるはずがないと言われていたことが実現すると、次もどうにかなるのではないか、という気持ちが湧いてきた。

（注16）特別徴収義務者＝納税義務者から直接徴収し納付させるのではなく、その徴収すべき税金を預かり、まとめて納入する義務を負う者。

第3章　カウントダウン

1

（システム改修の費用は『うん千万円』かあ。泉佐野市が負担するしか選択肢はないのになあ）

ＥＴＣシステムを使って利用税を徴収するためにはシステム改修が必要で、ＮＥＸＣＯ西日本の課長代理が先日おおよその金額を説明してくれた。

泉佐野市がＮＥＸＣＯ西日本に徴収を依頼するのだから、泉佐野市がシステムを改修する費用を負担するのが当たり前だ。しかし、行政にはこの当たり前が通用しない前例がある。

私は丹治市長公室長に確認した。

「ＥＴＣの改修費用は泉佐野市が負担すべきですよね」

丹治市長公室長が言った。「住民税の特別徴収の経費は負担していないやろ。どうして利用税だけ負担するんや」

企業は従業員の給料を支払う際に所得税を源泉徴収し、住民税を特別徴収する。言い方は違うがどちらもいわゆる天引きだ。企業は従業員の住む自治体から天引きする税額を通知される。そして天引きした税金をそれぞれの自治体が指定する方法で納める。給料を支払う側の義務だ。

丹治市長公室長の理屈は明解だ。

「給料から住民税を天引きするために給料システムを改修する企業は多い。けど、行政がその経費を負担することはない。負担せいと言うてくる会社はあるけどな。何故、ETCシステムは出すんや」

「徴収を依頼した上に、経費も負担してくださいとは言いたくないんですよね」

私の反論に丹治市長公室長は応えた。

「そんな心配はいらんよ。大臣が同意するはずないから」

これを言われると会話は続かない。


いずれ総務大臣は、利用税に同意するか同意しないかの判断を下す。

もし同意しなければ、千代松市長は国地方係争処理委員会に審査の申し出をするだろう。

その時私は審査申出書を作る。

一方、大臣の同意が出るとNEXCO西日本に協議を申し入れる。

既にNEXCO西日本を訪問して、大臣の同意が出たら徴収に協力してくれるよう依頼した。NEXCO西日本は課長クラス以下の社員が対応し、大臣の同意が出たら実務的に協議に応じさせざるを得ませんと口頭で返答した。

同時に、費用の負担がどうなるのかが問題です、と話した。

「徴収の協議を行う」という言い方をしても、実質は「お願いをしている」と私は思っている。徴収のお願いをした上に「費用も負担してください」と言うのは余りに厚かましい。

一方、自治体が税の徴収を指示する際に、徴収に必要な経費を負担してはならないという法律はない。

泉佐野市がシステムを改修する費用を負担するかどうかは最終的には市長の判断になる。

しかし税務経験者の丹治市長公室長があかんと言うているのに、その議論に決着をつけないで市長に伺いを立てるのは気が引ける。

だから私は税務の職員と経験者に「住民税はだめでも利用税はＯＫ」を受け入れてもらう理屈を考えなければならなかった。


ある日、私は大阪府のホームページを検索していた。

「軽油引取税徴収奨励金」という文字が目に飛び込んできた。すぐ下に、小さく「特別徴収義務者に対し」とあった。

特別徴収義務者にお金を出している事例と直感した。

（「論より証拠」だ！）

私の人差し指はパソコンのマウスを押さえつつ、ついに宝を掘り当てた気持ちだった。

もう一度、ゆっくり画面を見た。

目的が書いてあった。

「特別徴収義務者に対し、税の特別徴収に係る事務負担を報償し、併せて納期内納入の高揚を図るため、奨励金を交付する」

根拠は大阪府総務部長通達だった。

（特別徴収義務者にお金を出している事例はやっぱりあったんや）

軽油引取税に的を絞ってインターネットで検索すると、多くの都府県で同様の制度があった。

議論して決着をつける必要はなくなった。

長い呪いから解き放たれた気分だった。

新田谷前市長が3年前に「空港連絡橋利用税の導入を目指す！」と宣言した際は、国からの支援策を引き出すのが目的だった。

利用税は喧嘩の道具だった。

ETCシステムの改修経費を負担するかどうか、考えている余裕はなかった。

1年余り前の平成22（2010）年、国が約束を守らなかったとき、泉佐野市はみなし課税を一番の対抗策にした。自ら廃止した利用税は対抗策として持ち出さなかった。

「ETCシステムの改修経費を負担できれば利用税を打ち出しやすいんです。調べていただけませんか」

当時の山田副市長から指示された。私は税務の職員や経験者に聞いて回ったが、山田副市長に満足してもらえる回答は見つからなかった。

山田副市長のがっかりした顔を今も覚えている。

あれから約1年。

利用税に取り組む私の不安がひとつ減った。

2月中旬に行われた地方財政審議会の意見聴取から1か月が過ぎると、大臣に同意される可能性が出てきた。

利用税は大臣の同意から1年以内に施行すると条例で決めたので、私は同意された後のことを考え始めた。

システム改修に4か月から6か月かかるとNEXCO西日本から聞かされていた。だからNEXCO西日本と協議する期間はできるだけ短くしなければならない。同意が出てからシステムを改修する費用を出すかどうか、議論している暇はない。

他の法定外税は特別徴収義務者にどのくらいのお金を支出しているのか調べてもらうことにした。法定外税は50件以上あったが、原子力発電所に関わるものや産業廃棄物に関わるものなど似通った税はひと括りと考え、市町村が課税している13件と都道府県が課税している5件の、合計18件に電話をしてもらった。

5件が特別徴収義務者に支出をしていた。

岡山県の産業廃棄物処理税、青森県の産業廃棄物税、東京都の宿泊税、岐阜県の乗鞍環境保全税、福岡県太宰府市の歴史と文化の環境税だ。補助金、交付金、報償金などと名称は様々だった。

電話をかけた18件のうち特別徴収をやっているのは9件で、うち5件が特別徴収義務者にお金を出していた。5件のうち4件が都府県で、市町村は太宰府市だけだった。

どれくらい支出しているのかも気になった。太宰府市が最も高く税額の7％で、岐阜県が最も低く1・15％、他は2・5％だった。

2

総務大臣の同意が出た4月11日の夕方5時から市長が記者会見を行った。

私は記者会見場に行かないで自席で待機した。

記者会見が終わり清水理事がやってきた。

「徴収の開始時期はいつ頃を考えているかという質問がありました。市長は10月をめどと発言しました」

予想外の市長発言に私はしどろもどろに言った。

「NEXCO西日本からは1年でも時間は足りないと言われているのに……、市長も知っているのにどうして……特別徴収義務者と話もしないで実施時期を口にするとは……」

言葉が続かなかった。

これからはNEXCO西日本との協議が重要なのに。

清水理事は付け足した。

「市長は、10月の理由として『昨年8月に策定した財政健全化実施プランにも今年度分の利用税収入として1億5千万円を見込んでいます』と言いました」

同意が出たばかりなのに、何と幸先の悪いことか。

（NEXCOに何て言おう）

他の発言も気になった。

「市長は他に何を言いました？」

「利用者の負担が増えない方法は考えていないのかという質問がありました。

これに対して、利用税が橋利用者の負担の増加にならないよう泉佐野市に対する支援として通行料金を100円引き下げる要望を国交省に行って話してきましたと言いました」

「他には？」

「NEXCO西日本との協議のことを質問されて『システム変更が伴う。どれだけのコストと期間がかかるかが課題』と話しました」

「他はありませんでしたか」

「2期島が竣功して減少した固定資産税が来年から入るのではないかという質問がありました。

市長は『経営統合による結果で国の支援策ではないと考えている』と話しました」

清水理事は続けた。

「ここに来る途中で自分の席を覗いたんですが、記者から電話が入っていました。市長が先ほど10月をめどと言いましたからいろいろ聞きたがっています。個々に対応しているとかなりの時間がかかります。竹森理事、まとめて対応しませんか」

清水理事は今から記者会見をしましょうと言った。

「私が記者会見をするのですか、嫌やなあ」

「記者は何時でも電話をかけてきますよ。個別に対応していると深夜になりますよ」

「深夜になるのも嫌やなあ」

迷った挙げ句、記者会見を行うことにした。

午後7時に集まったのは3社で、記者の関心は市長の10月実施発言に集まった。

「NEXCO西日本との協議の状況はどうなっていますか」

私が答えた。

「今日、総務大臣の同意が出たことを伝えただけです。協議はこれからで、何も話し合っていません」

「NEXCO西日本は10月実施について何と言っているのですか」

「泉佐野市は、昨年8月に策定した財政健全化実施プランの中に今年度分の利用税収入として6か月分を見込んでいます。市長の発言はそれを踏まえてなされたものです」

清水理事の説明に私が付け加えた。

「まだ伝えていません」

首を横に振っている記者がいた。呆れているのだ。

「話し合わないで10月実施を表明したのですか」

「先ほども申しましたように…」

清水理事の言葉を遮って次の質問がきた。

「システム改修には相当の費用がかかると思いますが、それはどうなるのでしょう。泉佐野市が負担するのか、ＮＥＸＣＯが負担するのかを教えてください」

私が答えた。

「システム改修にどれだけの費用がかかるのかわかりません、今日の段階では負担するとも負担しないとも言うことはできません」

わざわざ夜7時からの記者会見に来たのに何もないのかという記者の顔だった。私も同じ思いで、答えることが何もないのに記者会見を受けていた。


週が変わり、今後の取り組み方を話し合うために「いつものメンバー」が市長室に集まった。早急に訪問したいと、ＮＥＸＣＯ西日本に伝えたと報告した。

千代松市長が質問した。

「どんな話をするんですか。ＮＥＸＣＯはどう出てきますか」

私は「ＮＥＸＣＯがどんな対応をするのか全く予想がつきません」と答えた。

ＮＥＸＣＯ西日本の課長は昨年、「実務的に協力せざるを得ない」と言ったが、総務大臣が同意するとは思いもよらなかっただろう。

我々泉佐野市の面々も、導入を目指していたが大差はない。千代松市長も先日、「次はいよいよ本丸、西日本高速道路株式会社との協議になります。どうなるか全くわかりません」と市内の会合で話していた。

　続けて私が話した。

「副市長に行っていただこうと思っています。大臣の同意が出たことの報告と税徴収の協力をお願いします。特別徴収義務者の指定を書面で渡せば向こうの態度がわかると思います」

　千代松市長はよろしくお願いしますと頷いた。

　次に清水理事の方を向いて報告を促した。

「国への要望活動は地元代議士を通して調整しています。市長が指示されたように民主党幹事長と国交省へ行くことを考えています」

　千代松市長は頷いて言った。

「ＮＥＸＣＯとの協議を進めるために、与党や国交省の支援を受けたいと思いますのでよろしくお願いします」

　泉谷副市長が市長を見ながら発言した。

「新関空会社にも行った方がいいと思うんで、行ってきます」

　それから副市長は、私や他の出席者を見ながら訓示するように話した。

「大臣の同意が出てから1年以内に施行するというのが条例の規定なんで。期限があるんで気を引き締めてやっていきましょうや」

　泉谷副市長が言うように、既に期限は近づいてきていた。カウントダウンは始まっていたのだ。一つ目の期限は利用税条例が失効する平成25（２０１３）年4月11日で、もう一つの期限は千代松市長が発言した10月だった。

新関西国際空港株式会社（新関空会社）は平成24（２０１２）年４月１日にできた。

平成６（１９９４）年９月４日に開港してから15年以上が経つのに、関空は今も１兆３千億円の債務があり、それが関空の発展を妨げていた。

債務を減らす、関空を成長軌道に乗せる、この二つを達成するために関空と大阪空港（伊丹）を経営統合し運営権を売却する、すなわちコンセッションの可能性を追求する。新関空会社はそのために国が１００％出資して設立した会社で、７月に関空と伊丹の経営が統合される。関空会社の社員のほとんどが新関空会社に移った。泉佐野市との窓口も新関空会社に変わった。といっても新関空会社は今までの建物にあり、顔ぶれもほとんど変わっていない。

市長室を出た後、私は清水理事に尋ねた。

「国へは何を要望するために行くんですか」

「民主党幹事長には、総務大臣の同意を得たことのお礼と連絡橋通行料金の引き下げのお願いですね。国交省はＮＥＸＣＯの所轄官庁ですから、利用税を実施するための協力のお願いと通行料金の引き下げのお願いです」

「料金引き下げのお願いをしても実現しないでしょ」

「通行料金の額を決めるのはＮＥＸＣＯや国交省ですから、税の徴収で利用者の負担が増えることに対しては料金の引き下げを要望していますと説明できます」

「利用者の批判を躱すためですか」

「そういう言い方はどうかと思います。通行料金の引き下げという方法で泉佐野市への支援をお願いします」

「清水理事は新関空会社やNEXCOにも行きますか」

「日程の調整がつけば、どっちにも行こうと思います」

NEXCO西日本と新関空会社への挨拶回りは4月中に済ませたかった。ゴールデンウイーク明けまでかかれば大臣同意が出てからの1か月間、何もできなかった出遅れ感が残る。後々まで尾を引きそうだ。

日程調整の結果、23日に新関空会社へ行くことになった。私は泉谷副市長、清水理事に同行した。

新関空会社ではH執行役員が対応した。

総務大臣の同意を得たことを報告する文書を渡しながら、利用税は国のお墨付きを得たので協力していただきたい、と泉谷副市長が話した。

H執行役員は、泉谷副市長が話し終えるのを待ちきれないという感じで、滑舌のいい、少し声高の早口で話しだした。

「地方税法には総務大臣が同意しない場合の三つの要件が書かれていて、泉佐野市の税を3要件それぞれに照らし合わせた結果、同意が出ただけ。国のお墨付きを得ていない」

さらに受け取った書類をちらっと見ながら続けた。

「この書類にはご理解いただきたいとあるが、新関空会社としてはご理解できない。利用税には協力も一切できない。泉佐野市の財政状況は理解できるが、利用税はまだ施行していないので取り下げていただきたい」

H執行委員は2月16日の地方財政審議会に国交省側として出席していて法定外税に詳しかった。泉谷副市長は話を続ける気はなさそうで、今日は報告に来ましたと頭を軽く下げた。それを合図に私たちは席を立った。

私は泉佐野市と関空の関係がこれからますます悪くなりそうな気がした。帰りの車中で「すごい調子で言われましたね」と話すと、泉谷副市長は「あの人はいつもあんな調子だよ」と平然としていた。

ゴールデンウイーク直前の27日金曜日、NEXCO西日本へ向かった。

前日の東京出張が朝刊に載っていた。

「伊丹の廃港を明示すれば利用税を取りやめると市長は言ったようですね」

私は清水理事に話を振った。

「国土交通省で副大臣に会ったときに、関空と伊丹の経営統合に話がなりました。市長は伊丹の廃港を明示すれば利用税の導入を見合わせると言いました。びっくりしました」

「NEXCOへ向かっているのに、利用税の導入を見合わせるなんて言われたらやる気がなくなりますね」

私のぼやきに清水理事は冷静に話した。

「伊丹が廃港になれば関空周辺は今まで以上に活性化するから、泉佐野市にとっては利用税を実施した以上の税収が期待できる、というのが市長が発言した趣旨だと思います」

「それは将来的な話でしょ。財政健全化計画に盛り込まれている利用税が入らないとまた給料のカットでしょ。やってられへんわ」

私のぼやきに今度は泉谷副市長が反応した。

「関空・伊丹の統合に合わせて出てきた政治家の発言や。駆け引きや。何を言うても伊丹は廃港にならないし、今からNEXCOに行くけど利用税もでけへんよ」

これからNEXCOに乗り込む我々のモチベーションを下げる泉谷副市長の言い方だった。私はぼやく気力さえも萎んでいった。


NEXCO西日本関西支社に到着した。

受付で待っていると約束の1時に担当者が出てきた。私たちはセキュリティを越えてエレベーターに乗った。木調の大きなテーブルが置かれた部屋に案内された。

「立派な部屋ですね」

私の口からぽろりと感想が出た。

「この建物で一番いい部屋です」

担当者が応じた。

昨年7月も泉谷副市長を先頭にNEXCO西日本を訪問した。その時はがらんとした広い会議室に通され、隅っこに普通のテーブルとパイプ椅子を並べて話し合った。

私は小さな声で「去年と全然違う対応ですね」と言うと、松本課長代理が少しだけ目を見開いて「ほんまですね」と応じた。

私たちの戦果を清水理事が小さな声で確認した。

「総務大臣の同意を得ていますからね」

私は軽口をたたいた。

「対応も敬意を払ってほしいですね」

「それはわからんで」

泉谷副市長がニヤッと向き直った。

私たちがひそひそ話をしていると支社長や幹部社員が入ってきた。

名刺交換と自己紹介をして席に着いた。

予め用意した書類を渡した後で泉谷副市長が立ち上がった。４年間の経過に触れながら訪問の趣旨を事務的に話した。

「利用税を検討したときは、貴社から賛成しかねるという意見をいただいたが、本市の実情を勘案してご協力をお願いしたい。

今日は条例に基づき特別徴収義務者の指定を通知させていただく。一律１００円を本年10月１日から徴収する方向で協議を早急にお願いしたい。

また利用税は消費税と同じように料金に含めてほしい。その場合の課題を早急に協議したい。

さらに利用者の負担を考えると、利用税は料金に含めて現行料金に据え置くことを国交省と協議してほしい。

異論がある場合は２週間以内に、５月９日までに具体的理由や根拠を添えて文書で提出願いたい」

泉谷副市長が座ると支社長が座ったまま話し始めた。

「副市長さんの話を聞きながら思い出していました。本社の経営企画部長のときに関空連絡橋の国有化を行いました。民間会社の償却資産を国道に格付けする事業や、国道を高速道路ネットワークに組み入れる事業はこれまでもありましたが、この二つの事業を同時に行うのは初めてで、大変苦労しました。

弊社の所轄官庁である国交省道路局からは、泉佐野市の税に関わって何の指示もありません。

こちら側の思いはどうあれ、特別徴収義務者として税を徴収する義務が生じたことは承知しています。

ただ、お客様に理解していただくことはとても大事であり、そういった費用については協議させていただきます。

システムは当社だけでなく他の高速道路会社とネットワークを構築しています。システム変更も含め各種調整が必要となりますが、費用面も含め協議させていただきます。

当社の料金収入は、高速道路債務返済機構への償還です。そういった面からも検討が必要となってきます。

新聞報道では、利用税の100円分の通行料金を引き下げる要望をされているようですが、それは政策の話で、我々が検討することではありません。政策の話はその方面で存分にやってください。我々は実務的に100円を徴収する話をさせていただきます」

支社長の話は連絡橋国有化の業績によって本社の部長から支社長になった経歴を披露しているよう

に聞こえた。

泉谷副市長が応じた。

「料金引き下げの要望は、利用者の負担を考慮して別途行っていて、本日の訪問の趣旨は特別徴収義務者に対する依頼です。

本年10月1日の施行をめどとしています。消費税のように料金の中に含まれる扱いが一番いいと思っています。

5月中旬くらいから実務協議に入りたいと考えています」

支社長が「了解しました。料金課長が窓口です」と端に座っている社員を目で示した。


30分近い訪問だった。

帰りの車中で私は泉佐野市の作戦を思い返していた。

数日前、副市長室に「いつものメンバー」が集まった。

NEXCO西日本は特別徴収義務者の指定にどんな反応を示すのか、書類を受け取るのか、それとも拒否するのか、あれこれ予想を立てた。

やってみないとわからない。

ETCの省令の改正も課題だったが何の動きもない。

このまま待ち続けて、市長が指示した10月実施に間に合わなくなるのは知恵がなさすぎる。

目標の実現に向けて動き出すための作戦会議だった。

丹治市長公室長がとっかかりを見つけた。

「消費税は徴収しているやろ。通行料金に含まれているやろ」

泉谷副市長が同意した。

「利用税も料金に含めてもらおう。消費税と同じ扱いにしてもらおう。これならすぐにできるやろ」

消費税と同じように扱ってもらうという要求がいいのかどうか私はわからない。しかし、利用税が通行料金に含まれれば省令の改正はいらない。料金を改正する理由も「利用税を徴収するため」といたって簡単だ。

かくして、省令改正が必要というNEXCOに対して、料金改定をぶつけることにした。

支社長の発言から、特別徴収義務者の指定を拒否することはなさそうだ。安心した。ただ支社長は多くの条件を付けた。協議する項目はたくさんありそうだった。

帰りの車中、私が感想を話した。

「最悪の対応ではなかったですね」

泉谷副市長が反応した。

「まだわからんよ。今日は表敬訪問や」

清水理事も口を開いた。

「いろいろ言うてましたねえ」

私は清水理事を見た。

「キーワードを書き留めましたが、わかったのはシステム改修費用と利用者への周知くらいでした」

誰も反応してくれない。私は続けた。

「道路局から何の指示もないって言うてましたね。無視する気いやろか。連絡橋の国有化は今までにない大変なことやったとも言うてましたね」

泉谷副市長が応じた。

「そらそうやろ、しかも突然の話やったからな」

「消費税と同じように徴収してほしいについても反応はなかったですね」

「あかんかったら何か言うてくるやろ」

表敬訪問は上々の出来だった。

3

ゴールデンウイークの間も電話をかけて日程調整をした。その結果、第1回協議は5月17日に決まった。

4月11日の大臣同意からひと月足らずの間で、表敬訪問を終え協議日程が決まった。

通常の仕事なら悪くないペースだ。

しかし、「総務大臣の同意から徴収開始まで1年」とNEXCOから聞かされていたにもかかわらず1か月を過ぎても何も話し合えていない、とも言える。さらに、市長が10月実施を明言したので工程を短縮しなくてはならない。1日でも早く協議を始め、次の日程を素早く決めなければならない。

5月17日、NEXCO西日本関西支社で第1回協議。

泉佐野市は税務担当理事兼税務課長の私と松本課長代理、そして事務担当の税務課メンバーに清水理事が出向いた。NEXCO側はサービス課や料金課などの6人が待ち受けた。

サービス課長が口火を切った。

「協議を始めるにあたって確認したいことがあります。泉佐野市、特に市長さんがおっしゃっている10月実施を我々はどう受け止めればいいのかということです」

システム改修経費はいくらか、期間はどれくらいか、ETCで税の徴収ができるのか、私はこんなことばかり気にしていた。

10月実施は私の仕事の「納期」だが、端から実現できるとは思っていなかった。

それでもNEXCOから、改めて泉佐野市のスタンスを聞かれた。どう答えていいのか言葉に詰まった。市長の方針を無視したり、軽視したりできない。落ち着いて座っている隣の清水理事をちらっと見た。

(これは竹森理事が答えることですよ)

清水理事の顔の言葉を読んだ。

「市長が10月実施の方針を出したので、我々はそれに向かって努力しなければなりません。一方、N

ＥＸＣＯさんから昨年11月に、大まかな徴収スケジュールを聞いています。ですから、今後協議を進めていく中で、場合によっては市長の判断を改めて仰がなければならないかもしれない、と考えています」

清水理事が補足した。

「泉佐野市は昨年８月に財政健全化実施プランを策定し、その中で今年度分の歳入として空港連絡橋利用税６か月分を見込んでいます。市長の発言はこれを念頭に置いたものと考えています」

サービス課長がわかりましたと応じた。協議を始める雰囲気に変わった。

どのように協議を進めるかが最初の課題だった。

これだけで相当の時間がかかりそうだった。互いに協議したい項目を出し、それぞれ話し合うことになった。

最初に泉佐野市が利用税を通行料金に含めてほしいと要請した。普通車なら８００円の料金を９００円にし、値上げした１００円を泉佐野市に納める。そして10月１日の施行を目指して協議することを改めて要請した。

料金に含めることは問題があるとＮＥＸＣＯは答えた。料金の改定は連絡橋通行量への影響や償還計画への影響を検討しなければならない、というのが理由だった。

「料金改定は数年にわたる事業です。泉佐野市が望む短期間ではできません」

さらに言った。

「料金に含めると消費税が増えます。あと、領収書に利用税が表示されません」

利用税を含めて通行料金を９００円にすると、これまで８００円にかかっていた消費税が９００円にかかる。ＮＥＸＣＯは増える消費税を負担できませんと言われた。

領収書に「利用税１００円」を表示できないと言われた。高速道路料金のシステムはわからないので反論できない。

我々は税金に消費税はかからないと思い込んでいた。だから何も調べていない。反論もできない。

利用税を料金に含める方法が手っ取り早いと考えたが甘かった。

一方、ＮＥＸＣＯは、先月の表敬訪問で泉佐野市が要請したことを検討していて、さらに指摘した。

「ＮＥＸＣＯの領収書に消費税は表示されません。利用税の金額を表示すると消費税と同じ扱いではありません。

利用税の表示がないと消費税がかかります。東京都の宿泊税ホームページに載っています。消費税がかからないという泉佐野市の主張に大阪国税局のお墨付きをもらってください」

我々の側にこれ以上言うことはなかった。

次にＮＥＸＣＯが協議項目を出す番になった。

「今は担当者の中で考えているに過ぎませんが」

と前置きしてから話し始めた。

「料金は改定しないで利用税も併せて取ることができるのではないか、検討しています」

思いもしなかった発言で意味がわからなかった。

私がこの数か月考えてきた「省令改正」の言葉は全くなかった。

（省令改正はどこ行ったんだ）

私は叫びたかったが、ＮＥＸＣＯが言わないことを私が口にするのは藪蛇だ。

私は黙って聞いていた。

呆れた。また期待もした。

私は泉佐野市を代表して「料金に含めろ」と要求した。

しかし、省令改正をしなくていいのならすぐに引っ込めたかった。

あまりにカッコ悪い。「料金に含める方法とＮＥＸＣＯの提案を両睨みで検討しましょう」と発言した。

何ともバツが悪かった。

ＮＥＸＣＯの担当者は、検討段階であると何度も繰り返した。今はＮＥＸＣＯ西日本の関西支社と本社とで課題を共有し始めている段階だと話した。

「泉佐野市と協議しなければならないことは消費税以外にもたくさんあります。例えばサービスエリアにＥＴＣ利用明細印字機を設置しています。利用税も印字できるようにしますか。費用は大きくなります」

ＮＥＸＣＯの担当者は次々に課題を提示した。

「料金所を強行突破していく場合について、利用税はどう考えますか」

「連絡橋は退避や迂回ができない構造です。誤走行が発生します。利用税はどう対処したらいいですか」

「利用税の納入とカード手数料は相殺できますか」

サービス課長は「今後、それらをひとつひとつ検討していきましょう」と協議の進め方を提案した。

さらに最終的には合意事項を協定書にまとめましょう、連絡橋利用者への周知と広報は泉佐野市が主体的に行ってくださいと話した。

最後に私は次の日程を口にした。

国交省の見解がわからないので次の議論はできないとNEXCOは話した。

はっきりと言わなかったが、省令改正はしないで税を取る方法を言うたではないか。道路局に伺いを立てないで、「できるかもしれない」と言うとは、どういうことや。もてあそばれているようだ。

（やっぱり、道路局次第か）

がっかりした。

道路局と連絡を取り合っていないという説明に私は納得できなかった。

「泉佐野市が総務省と協議をしていたとき、3月に道路局から質問がありましたよね。泉佐野市はどのようにして税を徴収しようとしているのかと。あの頃は道路局と調整していたんじゃないのですか」

この時私にメールした料金課の課長代理が答えた。

「道路局から突然メールが来まして、それを泉佐野市さんに伝え、泉佐野市から届いた回答を道路局に送りました。その前も後も道路局からは何の連絡もありません」

道路局の影がちらついて釈然としない。しかし、道路局と連絡を取り合っているかどうか問い質して時間を使うつもりはなかった。

次の日程は決まらず会議は終わった。

帰りの車中はぼやきが収まらなかった。

「何やねん。今のままでも取れるんやったら料金に含めろとか、消費税と同じように扱ってくれとか言わんかったのに」

松本課長代理に清水理事が続いた。

「本当ですよねえ。省令改正は言いませんでしたが道路局と調整は必要と言いましたね」

私も応じた。

「泉佐野税務署にも消費税の見解を聞きに行かなあかんようになったしな」

「税務署へ行くのはやめましょうよ、忙しいのに」

私は松本課長代理に同意したかったが、

「こっちから言い出したことやから、そういうわけにはいかんよ」

と言わなければならないのは情けなかった。

それでも成果は多かった。私は言った。

「向こうはいろんな課の人が来ていたよなあ。それだけでNEXCOは利用税を真剣に考えている気がしたな」

週明けの月曜日、副市長室で「いつものメンバー」に報告した。

丹治市長公室長が最初に質問した。

「利用税の徴収を理由に料金を改定するのはそんなに時間はかからないやろ」

そう言われても答えようがない、と私は言った。

検討課題の多さに本道課長は疑問を呈した。

「こっちが高速道路料金のことを知らないからいろいろ言うているんじゃないんですか」

これにも答えようがない。

「ETCシステムを使って税を徴収するんやから、NEXCOが挙げた課題は検討するしかないやろ」

とだけ言った。

泉谷副市長が言った。

「課題はまだあるんやろ」

協議が進んだと思っていないようだ。

私はNEXCOから聞いたことを繰り返した。

「社内で検討したらもっと出てくるだろうと言っていました」

泉谷副市長は市長の方針を気にした。

「10月に間に合わないやろ」

真剣に答える気がしない質問だ。

「1年かかると言われていたにもかかわらず、泉佐野市が10月実施を打ち出しました。協議はこれからです」

システム改修経費はどちらが負担するのかを丹治市長公室長が訊いた。

「泉佐野市が負担するのは当たり前という議論やな。それでいいの」

第1回協議でNEXCOにシステム改修経費の負担は求めなかった。

「課題と経費の説明を受けただけで誰が負担するのかは議論していません。ただ、NEXCOにすれば利用税の徴収に伴う費用なんで、発生原因を作った泉佐野市が負担すべきと考えているでしょう」

「NEXCOはほんまに税を取る気があるの。どんな感じでした」という質問もあった。

何て言おうかと私が考えていると清水理事が答えた。

「今回の会議に出てきたのは、NEXCO西日本関西支社の保全サービス事業部のサービス課、料金課、施設課と総務企画部企画調整課です。これからも必要に応じてメンバーが変わるという話でした。NEXCOは支社をあげて取り組んでいると思います」

NEXCOは好意的だったと私は感じていた。

「第2回協議は泉佐野市役所で行うことになっています。昨年7月に我々がNEXCO西日本関西支社に行き、11月にNEXCOが来ました。今回NEXCOに行き、次は来ることになっています。泉佐野市に配慮していると感じています」

丹治市長公室長は協議の先行きに悲観的だった。

「こんな面倒くさいことせんと、10月1日を施行日にして1台100円の納税通知書を送ったらいいねん」

NEXCOとの協議はいずれ行き詰まるだろう、協議に時間をかけるのは時間の浪費と丹治市長公室長は考えていた。

泉佐野市が利用税に取り組む目的は失われた税収を取り戻すことだ。その姿勢をはっきり示して納税通知書を送付しろというのだ。

大臣の同意が出たので国との喧嘩に勝ったとか、戦いが終わったと思わない。しかし、私は税の担当だ。地方税法に書かれている法定外税という制度を拠り所にして今は国と戦っている。法定外税のルールから外れてはならないと考えている。

利用税はＮＥＸＣＯ西日本が徴収することを想定した仕組みで、利用税の条例は納税通知書を送付する仕組みになっていない。

納税通知書の送付は条例違反だ。

泉谷副市長が議論を戻す発言をした。

「こっちから10月実施のプランを提案しよう。実施するために何が必要なんや」

私は答えた。

「ＮＥＸＣＯと協定を結ぶこと、10月1日に施行すると書いた条例施行規則を制定することの二つが最低限必要です」

「10月までのスケジュールも作ってや」

市長への報告はやっておく、と副市長が話して会議は終わった。

税務署に相談するとＮＥＸＣＯが話したとおりの回答だった。

領収書に「空港連絡橋利用税１００円」の記載がなければ消費税がかかる。だから関空橋通行料金が表示される際は、常に「空港連絡橋利用税１００円」と表示しなければならなくなった。対象はクレジットカードの支払い明細、インターネットのＥＴＣ利用明細、全国のサービスエリアに設置されているＥＴＣ利用履歴発行プリンタと広範囲だった。

泉佐野市はものすごく巨大なシステムに手を付けようとしていた。


次の協議を行うためにＮＥＸＣＯに働きかけた。

6月早々に基本協定を締結して直ちにシステム改修に着手、9月1日に規則を制定し10月1日施行を決定、30日間の周知期間を経て徴収開始というスケジュールを提案した。

「それぞれが基本協定と施行規則の案が作って協議しましょう。そちらの提案も送ってください」とＮＥＸＣＯに連絡した。

第2回協議は6月22日に決まり、ＮＥＸＣＯの担当者が泉佐野市にやってきた。

最初にＮＥＸＣＯが説明した。

「ＥＴＣで料金を収受している事例を調べました。その中に、厳密に言うと道路料金でないものを徴収している事例がありました。我々関西支社のエリアではなく中国支社のエリアですが、それを参考に利用税も徴収できると考えています」

これまでと全く違う説明で思わず声が出た。

「道路ではないのにＥＴＣ？」

「見た目は道路と全く変わりません。正確には広島県の港湾施設です。NEXCOが業務委託を受けてETCで料金を収受しています」

「道路局は了解したのですか」

「我々はこれでいけると考えています」

またた。

前回の会議の終わりに、「道路局の見解がわからないので会議ができない」と言ったはずだ。ETCで税を徴収するという全く新しいことをやろうとしているのに、道路局が了解したかどうかを尋ねるとはぐらかす。

道路局が関与しているかどうかはあくまで話したくないようだ。

こっちも道路局の関与が協議のテーマではないので、深追いはしない。

頭を切り替えた。

（道路のようで道路じゃない……、それは何かと尋ねたら……）

こんな言葉が浮かんだ。

（港湾施設！）

さらに閃いた。

（連絡橋も同じだ。道路でなく関空会社の償却資産だった。しかも国有化前からETCだった！）

連絡橋のことをずっと考えてきたにもかかわらず、気付かなかった自分が情けない。

ETCシステムの改修方法が二つ提案された。

一つは合併システムだ。領収書や請求書に通行料金と利用税を別々に表示するので消費税は課税されない。システム改修費用は概算で4千万円。工期は6か月。ランニングコストはデータ処理費用600万円、クレジットカード引き落とし手数料600万円で合計1200万円。ただし、これは通行量で変わる。

もう一つは標準システムだ。普通車の場合なら通行料金800円に利用税100円の合計900円を徴収し、領収書や請求書に合計の900円を表示する。消費税は課税される。システム改修費用は概算で500万円。工期は3か月。ランニングコストは泉佐野市に負担してもらう消費税分1500万円が上乗せされ、2千700万円。これも通行量で変わる。

「どちらにするか泉佐野市が依頼してください。当然、泉佐野市で経費を負担してください」

ついに経費の負担を正式に求められた。私は「検討します」と返答した。

10月実施は私に与えられた目標だった。できるはずがないと思っても協議をしなければならない。

「今日の提案は、どちらも10月実施には間に合わないと思います。多くの人員で突貫工事をして10月に間に合わせることはできませんか」

「建築工事なら突貫工事で工期短縮するということは聞きますが、システム改修は多数で突貫工事をすれば早くできるものではありません」

他の点も質問した。

「データ処理費用を支払わなければならない理由は何ですか」

「ETCシステムは高速道路会社で作っているシステムです。その維持管理経費をシステムの利用件数に応じて払っています。利用税は料金ではありませんが料金と同じようにシステムを利用します。維持管理経費を負担していただくというのが高速道路会社の一致した見解です」

続けてＮＥＸＣＯから質問された。

「ポイントは使えるようにしますか」

私はポイントの意味がわからなかった。

「高速道路を利用するとポイントが貯まり、料金の支払いに利用できます。利用税は１００円を徴収する規定ですが、ポイントを使うと利用者の口座から１００円の引き落としはされず、ポイントが減ってＮＥＸＣＯが泉佐野市に１００円を納入します。連絡橋を通ったのに１００円を引き落とししなくていいのかということです」

ＮＥＸＣＯが作成した規則案の説明が続いた。

「利用税の支払い方法・場所・手段等について、通行料金と同様に扱うことをお客様や他の道路事業者等に理解してもらうため、実施主体である泉佐野市の条例にぶら下がる規則で定めていただきたい内容です」

ＮＥＸＣＯの説明はさらに続いた。

最後にＮＥＸＣＯは言った。

「合併システムか標準システム、改修費用の高い方法か安い方法のどちらにするのか、26日までに返事をお願いします」

ずっと資料を見ていたが、いきなりの話に顔を上げた。

「今日は22日の金曜日です。土日を除けば明後日です。内部で検討して市長の判断を仰ぎます。市長の日程もわかりません」

「早急に他の道路事業者やクレジットカード会社と調整を始める必要があります。合併システムか標準システムかを決めないと始められません。26日が無理なら遅くとも今月中にお願いします」

NEXCOが帰るや否や副市長室で会議を行った。

私は今しがたの協議を報告し感想を述べた。

「省令改正も料金改定もやらずに利用税が徴収できるとNEXCOは言いました。提案には満足していますが呆れています」

出席者たちは協議が進んだことを素直に喜ばなかった。

「どうしてNEXCOの態度は変わったんだ」

そんなことをNEXCOに聞いても答えが返ってくることはない。

「そんなこと知らんがな」と言いたかったが適当に答えた。

「大臣同意の効果ではないでしょうか」

急展開にも質問があった。

「来週火曜日までに返答しろとは急な話やな。何でや」

NEXCOは昨年示した1年という工期を意識していると私は思った。

「合併システムの場合、改修に6か月かかるとの話でした。どんな条件が整えばいつ改修を始めるのかは話していませんが、NEXCOの頭の中には、大臣同意から1年という利用税のタイムリミットがあると思います」

どちらの提案を受け入れても10月実施を諦めることになり、システム改修経費を負担することになる。どちらかを受け入れるか両方とも拒否するか、システム改修は求めるが経費は負担しない、返答の仕方はいろいろあるが、決めるのは市長だ。

合併システムに要する4千万円は高かったし、標準システムを選べば消費税の負担を了解したことになる。どちらにも問題があった。

市長にどのように報告し、判断を仰ぐのかも考えどころだった。二つを並べて安い方を選ばれては困るし、一つだけ提示して押し付けられたと受け取られ、後でばれるのも嫌だった。なかなか意見が一致しない会議だが、市が消費税を負担する標準システムは問題が多いということは一致した。

大勢で市長に報告するか少人数にするかも考えどころだ。

「市長への説明は私1人でやっていいですか」

私は『いつものメンバー』に了解を求めた。

月曜日、説明資料を1枚だけ作って市長室に入った。

「10月実施に向けてNEXCOと協議を行ってきました。『次の一歩』を踏み出すためにNEXCOから回答を求められています。市長の判断をお願いします」

市長は資料を見ながら私の説明を聞き、頷いていた。そしてたった1枚用意した資料の半分も説明しないうちに「4千万円払いましょう」と言った。

「まだ説明が終わっていませんが」

「資料を読んでわかりました。4千万円払いましょう。NEXCOに回答してください」

10月実施という市長の方針は私の足枷《あしかせ》だったが漸く解き放たれた。解放感と安堵感を味わいながら私はNEXCOに回答した。

4

7月11日の昼、関空を担当する記者から電話があった。

「利用税の10月実施は断念した、NEXCOのシステム改修に時間がかかるから。NEXCOの責任は問わない、と市長が話しました」

いきなりで、しかもどんぴしゃりの指摘に私は狼狽えた。

「いつ、どこで聞いたんですか」

「今日の午前中、りんくうタウンのアウトレットモールが拡張した式典があって、市長についていました。そこで話を振ってみたんです」

(記事にされてはならない)

私の頭にはこの言葉しかなかった。

「10月実施は泉佐野市が一方的に掲げたことで、断念してもNEXCOとは関係ありません。それをわざわざ責任を問わないと書けば、何らかの責任があるのでないかと誰でも感じます。そんなNEXCOが怒るようなことは書かないでください」

記者は条件を出した。

「アドバンテージをもらえるなら報道は控えます」

今回の記事を書かない代わりに今後の報道提供で有利な配慮をしてほしいという要求だと思った。記者の言い分は尤もだが、将来特定の記者にだけ情報を早く流すと約束していいのだろうか。マスコミとの付き合いに長けた人には普通かもしれない。が、私はアドバンテージを要求され続けるのが怖かった。

口封じをするかどうかの選択をしなければならない。ドラマのような展開だった。記者の話したことが報道されればNEXCOから厳しい抗議を受けるだろう。今後の協議に影響を与えないはずがない。

「将来の約束はできませんが、報道はやめてください。お願いします」

私はこう言うしかなかった。

「アドバンテージがなければできません」

電話は終わった。

短い交渉は決裂した。記者の提案を断ってよかったのか、わからない。

清水理事に相談した。

「大阪府ならどうしますか」

清水理事は少し考えてから答えた。

「経験がないのでわかりません」

しばらくして清水理事から電話があった。

「さっきの話、ネットに出ています。『10月実施、システム開発が間に合わないため』と書かれています。NEXCOの責任のことは書いてないですね」

責任の文字がなければNEXCOから非難される度合いは幾分低いだろうが「システム開発が間に合わない」を理由にすればNEXCOに責任があると言っているようなものだ。

すぐに他の記者から電話が入り、その対応に忙殺された。

夕方、アドバンテージを求めた記者が税務課の前に立っていた。私に会いに来たと思い、出て行った。

「もう、書いたら困るって言うたのに」

「事前に言いましたよね。情報源は伏せています。我々は記事を探して動いています」

「あなたを非難しているんじゃなくって。私が困るって話をしているんです」

「これが我々の仕事です。ではまた」

彼の背中を見ながら何のために私のところへ来たのだろうという疑問が浮かんだ。彼は私よりはるかに年下だったが、小さな自治体の中間管理職に「次は上手く対処しなさい」とでも言いたかったのか。新しい情報を求めてやってきたのか。それとも何か他の意味があったのか。

(記者は何のために私のところに来たのか)

帰宅してからも疑問が消えなかった。

引っ掛かる言葉を思い出した。

「事前に言いましたよね」

布団に入ってからもゆっくりと1日を振り返った。

記者が市長から入手した情報は「10月実施断念、システム改修に時間がかかる、NEXCOの責任は問わない」の三つのキーワードだ。私に電話した目的は裏付けを取るためだろう。私は「NEXCOの責任は問わない」に強く反発した。

その後の記事に「NEXCOの責任」という表現はなく、「10月実施断念、システム改修に時間がかかる」の二つが活字になった。裏付けが取れたので記事にしたのだろう。

（私が慌てて『NEXCOの責任』だけを否定したのは間違いだったのかもしれない)

布団の中で私は一つの結論に達した。

(もし私の推論どおりならば、最初にもっと他の対応があったのかもしれない)

私はますます眠れなくなった。

翌朝職場に着くと、すぐにNEXCO西日本の部長から電話があった。普段、連絡を取り合っているのは料金課の課長代理で、部長はその上のさらに上の役職だった。

「ＮＥＸＣＯと泉佐野市が協議中の事柄について、我々に何の了解もなく一方的に報道がされていま
す。ＮＥＸＣＯは10月実施の約束をしていません。にもかかわらず、断念したとか時間がかかるとか書
かれています。

今回の報道で我々は『どんな協議をしているんだ』という批判を受けています」

受話器が震えるほどの部長の怒り声だ。私は目の前で叱られているように謝った。

電話が終わると泉谷副市長に相談した。

前日からの経過を報告すると、泉谷副市長も市長が情報源という結論に至った。

しかし、「市長の口を封じることはできん。記事は情報の出どころについて関係者としか書いてないから市長に確かめるわけにはいかない」とも言った。

「ＮＥＸＣＯに対してはどうしましょう」

私は「とりあえず行こう」という返答を期待した。

「どうしようもないからほっとけ」

あまりにも素っ気なかった。

かといって、私もＮＥＸＣＯにどう対処すればいいのかわからない。

眠気を我慢しながら今後を想像した。ＮＥＸＣＯから抗議を受けたのは私で、次の協議に行くのも私だ。抗議を無視すれば私の今後の協議に支障をきたすに違いない。

「このままでは次の協議ができません」

私が言うと泉谷副市長は「行こうか」と応じてくれた。

私が運転してすぐに出発することになった。

「ゆっくり行きます」

「うん、ゆっくりでいいよ」

急な遠出で私が運転するしかなかった。

ほとんど一睡もできず、眠くて仕方がなかった。

近畿自動車道は何度も走っていたが、走行車線の左側の壁を伝うようにゆっくり走った。1時間ほど進んだ辺りに第2京阪道路との分岐ができていた。

初めての道ではないが、眠かったのでここも壁伝いにゆっくり進んだ。

間違えて第2京阪道路に入りかけてしまった。

すんでのところで気付き、慌ててハンドルを切った。

第2京阪道路には入らなかったが、分岐点の尖がった壁に衝突しそうになり、急ブレーキで停車した。

「急がなくていいよ」

泉谷副市長が静かに言った。

私は急いでいなかったし慌ててもいなかった。眠気を我慢していただけだった。

やがてJR茨木駅近くのNEXCO西日本関西支社に着いた。

朝電話をかけてきた部長が1人で応対した。

「お前ら一体どんな協議をやっているんだ、と道路局から厳しく言われました」

厳しい声だった。

「我々は10月実施を約束していないにもかかわらず、我々に責任があるような記事です。我々は泉佐野市と協議をしているが、何も約束していません」

私は黙って聞いていた。

部長の言うとおりだった。

できるだけ早くシステム改修をしてほしいと泉佐野市が伝え、それに対してNEXCOは話し合いの項目を提示した。すると10月実施の目標が成り立たなくなった。

（道路局は関係ないでしょう）

道路局からは何の指示もないんでしょう、という言葉が浮かんだ。とても言える雰囲気ではなかった。

記事が出た経過と再発防止策の説明を求められた。道路局に詳しく報告しなければならないようだった。

「昨日りんくうタウンであったイベントに市長が出席した。その時、記者と話したようで」

泉谷副市長が説明した。

「『市の関係者によると』と書かれているので情報源を確かめることはできないし、これ以上調べようがない」

部長は「二度とないように」、「再発防止策を立ててくれ」と話したが、副市長は頭を下げて「市長の口に蓋はできない」、「二度とないようにとか、我々は市長に言えない」と繰り返した。私も一緒に頭を下げた。

NEXCOの部長は、泉谷副市長の説明が不満だったようだが、話し合いは進まなくなった。NEXCO訪問は短時間で終わった。

泉佐野市との協議に応じてきたにもかかわらず、NEXCOにとっては一方的に非難された不愉快極まりない新聞報道だった。

「これで流れが変わるかもしれない」という不安を私は感じた。

2週間後、NEXCO西日本関西支社で第3回協議を行った。

今回は泉佐野市の側から協議したい項目を話し始めた。

10月実施という実現不可能な目標がなくなり私は肩の荷が下りた。しかし、10月に変わる新たな目標を設定しなければならない。何より来年の4月11日までに徴収が開始できるよう協議を進めなければならない。

さしあたっての目標があった。

「システム改修を行います」

この言葉を引き出すことだ。

しかし、そのためにどれだけ協議し、合意しなければならないのかわからなかった。

千代松市長はシステム改修経費4千万円を負担すると明言してくれたので、補正予算を獲得して費用の支払いに備えなければならない。

泉佐野市は3月、6月、9月、12月に議会を開催していた。

「9月議会に補正予算を計上します。4千万円の内訳を教えてください」

私の求めに料金課長が答えた。

「実際に工事を発注してメーカーに積算させないと内訳はわかりません」

システム改修4千万円はNEXCO西日本の担当者が経験から導き出した数字だった。

料金課長は平然と付け加えた。

「どうしてもやらなければならない工事があって、その概算経費が4千万円だとしたら、NEXCOは事業を行います。我々は何十億、何百億の工事をやっています」

日本道路公団が分割民営化されたNEXCO西日本と人口10万人の泉佐野市とは全ての次元が違う。

私の協議相手は、泉佐野市の年間予算を超える額の工事を頻繁に行い、高速道路のETC全国ネットワークを構築し管理している。一方、泉佐野市は倒産寸前の財政健全化団体で僅かの経費でも削ろうとしている。

NEXCOの担当者にとって4千万円のシステム改修は大した額でないのだろう。

「泉佐野市の予算のことは泉佐野市で考えてください」

料金課長に突き放された。

私が食い下がって依頼すると、メーカーと調整してもう少し詳しい金額を示すと言ってくれた。

私は話題を変えた。

「9月議会で補正予算を計上しますが、工事はできるだけ早く始めてください」

「システム改修を行うためには泉佐野市の予算の裏付けが必要です。協定を締結する際も予算の裏付けが必要です。予算が議会を通るまでの担保はありますか」

通常、補正予算が成立するのは9月末。それまでNEXCOは工事を発注しない、協定も締結しない。

緊急の場合に、議会の議決を待たないで市長が予算を決定する「専決」という手法があった。しかし、専決するかどうかは私が決めることではない。「帰って検討します」と答えた。

今度はNEXCOが協議したい項目を提案する番だ。

「協議申し入れ事項」というペーパーを渡された。

全体にさっと目を通した。

一つの項目に体が固まった。

「利用税の導入に伴う減収補填」

料金課長は協議申し入れ事項を順番に説明したが、私は「減収補填」の項目ばかり気になった。

「利用税は、連絡橋の利用者にとっては負担増で料金値上げと同じです。値上げすれば通行量は減少します。通行量が減少するとNEXCOの料金収入が減少します。利用税の導入によって生じるNEXCO減収分の補填を泉佐野市に求めます。金額は今後提示します」

清水理事が反論した。

「連絡橋が国有化されて泉佐野市の税収が減収し、その補填のために利用税を導入しようとしています。総務大臣の同意という国のお墨付きを得ているのに減収補填を求めるのはおかしいのではありませんか」

料金課長が応えた。

「連絡橋を国有化したのは国交省です、NEXCOではありません。泉佐野市が減収補填を求める相手は我々ではありません。我々は料金収入が減少する原因を作った泉佐野市に補填を求めます」

私は「拒否すればどうなるのか」という言葉を呑み込んだ。NEXCOは我々と協議をしているが、彼らの中にも「利用税拒否」という意見はあったはずだ。今のところNEXCOから利用税の徴収を拒否するという発言はないが、泉佐野市が拒否を言いだすと、NEXCOも言うだろう。

誘発はしない。

私は質問した。

「補填額はどのように計算するんですか」

「NEXCOは民営化してから、夜間の料金を下げたり休日割引を導入したりして様々な料金体系を試してきました。その結果、どれくらい値上げすればどれくらい通行量が減少する、というデータを蓄積しています。そこから減収分を計算します」

「それは泉佐野市が納得できるデータですか」

「我々NEXCOとしては十分検討し、納得しています。泉佐野市が納得できないのであれば違う数字を示してください。我々はそれを検討します」

NEXCOが提案する減収補填は協議項目にしたくなかった。

私は返す言葉が見つからず黙り込んでしまった。

「数字を示しますので検討してください」

私は頷くしかなかった。

次回の日程に話が移り、料金課長が切り出した。

「次回から、会議の場所はこちらでお願いします。特別徴収義務者の指定を受けたと言っても、我々は泉佐野市から依頼を受けています。それなのに、何故わざわざ泉佐野市まで出向くのかという意見が社内にあります」

私は「わかりました」と応じた。

5月の第1回協議の終わりにNEXCOが「次に泉佐野市に伺います」と言った。泉佐野市に気を使っていると感じた。総務大臣の同意を得たとはいえ、お願いする泉佐野市がNEXCOに出向くのが当たり前と私は思っていた。


私は泉佐野市とNEXCOとの昨年からのやり取りを振り返った。

昨年7月、「総務大臣の同意が出たら実務的に協議に応じざるを得ない」と担当者は言った。課長以下の返答とはいえ、こう言われると協議を続けるとそのうち徴収開始が見えてくる気がした。

さらに「泉佐野市の条例は実現不可能」と条例の不備を指摘された。総務大臣が同意することはないと思っていても、障害になりそうな要素は予め取り除いておこうという思惑を感じた。おかげで利用税条例は実現可能な制度に近づいた。

11月にNEXCO西日本が泉佐野市へ来た。ETCで税を徴収するためには省令改正が必要と言った。大臣の同意が出ても徴収できません、ということを言いたかったのだろう。

大臣の同意が出た後、表敬訪問をした。NEXCO西日本は特別徴収義務者の指定を受け入れた。5月と6月の実務協議では、省令改正をしないで徴収する方法を話し合った。総務大臣の同意が後ろ盾になり、協議は順調に前進していると感じた。

しかし、7月の協議は全てが逆風に転じた。4千万円の内訳はわからない、予算がつくまで工事はできない、今後泉佐野市で会議はしないと言われた。これまでのような配慮はもはや感じなかった。

極めつけは減収補填の要求だ。税収減を補填するために利用税を導入しようとしている泉佐野市が、NEXCOから収入減の補填を求められた。NEXCOがどの程度補填にこだわるのか予想はつかないが、補填をするかしないかに着地点があるとは思えなかった。

4月11日の大臣同意から3か月半が経っていた。条例が失効する来年の4月11日まで残りは8か月半で、そのうちシステム改修に6か月近くを充てなければならなかった。

ETCシステムはNEXCO西日本、中日本、東日本のNEXCO3社と首都高速道路株式会社、阪神高速道路株式会社が構築した共同の共通システムだ。NEXCO西日本は泉佐野市と話し合う前にNEXCO他社、首都高速道路株式会社及び阪神高速道路株式会社と調整しなければならず、月1回の協議ペースはNEXCO西日本にとって過密日程のようだった。

表敬訪問をしたとき、泉谷副市長は2週間に1回の協議を申し入れたが、実際に行われたのは月1回だった。

それでも私はＮＥＸＣＯの努力を感じた。

そこに減収補填が協議項目に加わった。次回８月末の協議で補填額が示され、それを泉佐野市に持ち帰って検討する。平行線になるとしか思えないテーマに９月あるいは10月を充てていれば来年４月までの徴収開始は危うい。

減収補填を協議項目に挙げたＮＥＸＣＯは、条例の失効を狙っているのではないかという疑念が頭を過ぎった。

市役所に戻るや否や補正予算の要求書を作った。

システム改修や広報経費等の、今年度中に必要な経費を全て計上しなければならなかった。システム改修経費は４千万円を要求した。根拠は「ＮＥＸＣＯが提示した」だった。

広報経費をいくら要求するかも悩んだ。

関空連絡橋の料金所を通過した自動車の９割が近畿２府４県で高速道路を降りているというデータから、このエリアを広報の対象範囲にするようＮＥＸＣＯから求められた。さらに、現在は空港や連絡橋を利用していなくても、将来利用するかもしれない人も対象にしてくださいと言われた。

ＮＥＸＣＯの要求は尤もだが、これまで泉佐野市域より広いエリアで広報したことがない。どうすればＮＥＸＣＯの求めに適うのかわからなかった。私は考えに行き詰まり、「いつものメンバー」会議で相談した。

丹治市長公室長が言った。

「我々がどれほど考えてもNEXCOが満足する広報はできない。やったことないんやから。餅は餅屋。NEXCOにやってもらうしかない。頼むしかない」。

私が「泉佐野市の責任でやるように言われています」と言うと「できるのならやったらいい」と突き放された。

NEXCOに協力してもらうにしても自分たちでやるにしても、泉佐野市域を超えた近畿全域の広報にどれくらいの経費を見込めばいいのか想像がつかない。しかし、倒産寸前の泉佐野市にとって1千万円を超える広報予算はインパクトがある。それだけの理由で900万円を要求した。

要求書を渡しながら財政課長に相談した。

「予算の裏付けがないとシステム改修に着手できないと言われて困っているねん」

財政課長はこれまでの協議経過は知らない。

「行政が予算をつけると言ってもだめなんですか」

「市長の了解は得ているし、議会もこの件に反対することはあり得ないと伝えているけど納得してくれない」

「すぐに支払わなければならないんですか」

「そんなことはない。NEXCOが支出した全額を後から交付金の名目で一括して支払うと伝えている。しかし、泉佐野市の予算がなければ業者と契約できないと言われている」

財政課長は、苦しい私の立場をわかってくれたようで、厳しい言い方はしなかった。

「4千万円と900万円、どちらも何の資料もなくて市長と議会に説明できますか」

「何とかする。9月議会までにもっと情報をもらうようにするし、仮に情報がもらえなくても説明する。それより予算の裏付けはどうやろ。専決は無理かな」

私は改めて財政課長に訊いた。

「専決したら、9月議会までにNEXCOは契約し、システム改修を始めるのですか」

「それはわからない。協定も締結せなあかん」

「契約すると決まっていないのに専決処分はできませんよ」

そこは納得できる。財政課長に食い下がるネタは尽きた。

それでもシステム改修を始めるように働きかけなければならなかった。副市長が出向いて説明すると伝えたが返事はなかった。


NEXCOから減収補填を求められたことは副市長室ですぐに報告した。それぞれ言い方は違ったが、「いつものメンバー」は受け入れられないと発言した。それで上手くいけば何の心配もないが、拒否した後の見通しは誰も持っていなかった。

8月中旬、泉谷副市長が市役所の1階を歩いていた。どこに行くのか見ていると私の席に向かってきて目の前に座った。

「市として減収補填は絶対に呑めない。竹森君もわかっていると思うけど、ひと言書いて伝えておきたかったんや」

そう言ってメモを差し出した。「税に減収補填は馴染まない」や「消費税に減収補填を求めるのか」

と書いてあった。数日後に行う実務協議にはしっかり腹に入れて臨めとでも言いたいのだろう。

「拒否するだけでは協議は進まないと思います」

「その時はみんなで考えようや」

1日も早くシステム改修を行うようNEXCOに主張してこいといつも厳しく急き立てておきながら、NEXCOの要求には悠長なことを言う。小さなため息が出た。

腹の中で副市長の愚痴を零しながら、私はかねて調べていた資料を副市長に見せた。

「他の法定外税が特別徴収義務者にお金を出している例です。泉佐野市の選択肢を拡げると思っています」

市長のひと声でシステムの改修費用を負担すると決まったけれど、私は以前から泉佐野市がシステム改修やそれ以外の経費を負担してもいいと考えている。

「前から言うていたなあ。違法じゃないの」

「うちの職員は法律に書かれていなくても違法と言うんです。信じ込んでいるとしか言いようがありません。議論になりません。だから調べたんです。天下の東京都がやっているんです。しかも、東京都は法定外税の宿泊税だけでなく、軽油引取税やゴルフ場利用税も対象です。副市長、私はNEXCOにお金を出せと言っているんじゃありません、NEXCOにお金を出しても問題はないと言っているんです」

「でも竹森君、減収補填は受け入れられないで」

「ええ、減収補填はできません。もし仮に泉佐野市がNEXCOの減収を補填したら、他の事業者はこぞって補填を求めてきます。ＮＥＸＣＯには、減収補填のように出せない費用と他の法定外税を参考にして出せる費用があるという言い方をします」

私の考えが少し伝わったようだ。

「考えておこう。けど、減収補填は受け入れられないということはしっかり伝えてきてや」

副市長はそう言って席を立った。


ＮＥＸＣＯから減収補填を要求されて頭を痛めていた頃だった。

清水理事が私の席にやってきた。

「空港島内の事業所から新関空会社に利用税の要望書が出されたそうです。それを泉佐野市に持ってくると新関空会社のコーポレーション事業部長から電話がありました。竹森理事も一緒に対応してください」

「対応するのはいいですけど。どうして新関空会社が事業所の要望書を持ってくるんですか。窓口ですか、要望を取りまとめているんですか」

「新関空会社に対して要望書が出されたようです。その時に、泉佐野市に対する要望書も一緒に渡されたと言っていました。窓口とかではないでしょう」

新関空会社の部長はすぐにやってきた。関西国際空港テナント連絡協議会の要望書を持っていた。

「テナント連絡協議会はターミナルビルのテナントの組織です。電車の動いていない夜中に通勤する従業員がいます。その人にとって利用税は死活問題です。３年前は廃止になりましたが、今回は実現しそうな成り行きで、慌てて撤回を求める要望書を作ったんです。我々も何をやっていたんだと追及されています。NEXCO西日本にも要望書を出します。泉佐野市に対する要望書を我々が持っているわけにはいかないので提出します。対応は全て泉佐野市でやってください」

3年前の平成20（2008）年8月に利用税条例が一度制定され、マスコミに大きく報道された。実現するはずがないと誰もが思い、そのとおりに翌年の2月に条例廃止の報道があった。今回は昨年8月に条例ができ、今年4月に総務大臣が同意した。千代松市長はすぐに10月実施を表明し、続いて7月にはETCシステムの改修に時間がかかるという報道があった。今度は実現に向けて動いていると感じたのだろう。

新関空会社の部長は用件を手短に話すとさっさと帰っていった。

要望書に目を通した。

その頃の関空は深夜と早朝に発着する旅客便が増え始めていた。これらの深夜・早朝便に対応するため、関空に出店している飲食店、物販店、サービス店には自動車で通勤する人がいた。利用税は大きな負担で、テナント経営は一層厳しくなるとの理由から撤回を要望すると書かれていた。

ため息が出た。

「減収補填の要求でNEXCO協議はどうなるかわからないのに。次は撤回の要望書ですか」

清水理事は私の愚痴を黙って聞いていた。

10月実施を断念したという7月11日の報道を機に、全てが悪い方向に動き出したとしか思えなかった。「つき」にも見放された気がした。

その後も要望書の提出が続いた。関西国際空港・航空会社協議会、関西国際空港・リムジンバス等運営協議会、社団法人大阪バス協会、関西国際空港・レンタカー運営協議会からの要望書を受け取った。新関空会社の部長が持って来たり、団体の代表者が持って来たり、郵送されたりした。どの要望書も撤回とか中止を求めると書かれていた。なかにはやむを得ず導入した場合は、自分たちだけは課税免除にするか、負担増にならない措置を講じてほしいという要望もあった。

5

8月22日水曜日、第4回協議を行った。

NEXCOから利用税導入に向けたロードマップが示された。表の横軸には8月から来年3月までの期間が刻んである。

右端の3月下旬に「Xデー、徴収開始」とあった。

最も気になるシステム改修は泉佐野市の補正予算が成立するとすぐに契約締結となっていて、6か月弱の工期を見込んでいた。補正予算が成立するまでは契約の準備期間だった。しかし協定締結が前提条件で、減収補填の合意が協定締結の前提条件になっている。

利用者への広報、クレジットカード会社との調整及び料金所で料金を受け取る人の研修はシステム改修と並行して行う。年度末の徴収開始まで余裕はないと説明された。

感傷に浸る気持ちで聞いていた。

（徴収開始という言葉がやっと出てきたか）

大臣同意から4か月以上が経っていた。

徴収開始までの道筋は見えたがロードマップが動き出すかどうかは補正予算の成立と協定締結、減収補填の合意にかかっていた。私は補正予算の成立に不安は感じないが、減収補填の合意は到底おぼつかない。協定の締結も同じだ。

ロードマップの右端の年度末を見ると「徴収開始」の文字がある。

（やっとここまで来たか）

とゴールを意識した。

反対に表の始まりを見ると「減収補填」の文字がある。

（これじゃスタートできない）

私はまず表の右端、3月下旬のことを質問した。

「3月後半に徴収を開始する計画ですが、10月実施を諦めた途端に年度末実施を提案されるのは困ります。もう少し早くなりませんか」

泉佐野市に持って帰ると「もっと早くしろ」と突っ込まれるに違いない。

「システム改修に6か月近い工期を取っていて少し余裕があります。しかし今の段階で泉佐野市に示すとなれば3月後半になります」

徴収開始日が早くなるよりも減収補填の協議をどうやって乗り切るかの方が遥かに重要だった。だから、もうこれ以上こだわらなかった。

NEXCOが作成した基本協定案に減収補填が書かれていた。利用税の導入に伴う高速道路の収入に影響を生じさせないための費用等を泉佐野市が全額負担するという表現だった。

半年前に総務省と協議をしたときは連絡橋の通行料金を一時的に引き下げた社会実験の結果から「100円の利用税は国の経済施策に大きな影響を与えない」と主張したが、NEXCOは同じ社会実験のデータから連絡橋の料金収入が5%減少すると分析した。

「反論があれば出してください。検討します」

NEXCOの主張は図解と数式と多くのデータから導かれていて、到底その場で反論できるものではなかった。そうかと言って市役所に持ち帰ってもまともに検討できる職員はいないだろう。

私は5%の算出方法にコメントしなかった。

それ以前の「税に減収補填は馴染まない。NEXCOは消費税に減収補填を求めなかったと思う。利用税にも減収補填を求めないでほしい」という基本的な立場を表明した。

NEXCOの担当者が言った。「私たちはこれまで利用税を徴収するためにものすごい人員と時間を費やしてきました。これからもかかります。そのことも考慮して5%を受け止めてほしいんです」

「NEXCOさんがものすごい労力をかけてくださっていることはわかります。それと減収補填を一緒にしないでください」

料金課長が言った。「持ち帰って検討してください」

私は「わかりました」と応じた。

「基本協定は8月中に締結する目標です。24日金曜日までに回答をお願いします」

協定は基本協定と細目協定の2本立てで、基本協定は8月中、細目協定は9月中に締結する予定だった。

早く回答するよう促されたが、今日初めて減収補填の額を提示されたばかりなのに2日後に返事のできるはずがない。「無理です」とは言わなかったが、本当に泉佐野市と合意する気があるのかと、NEXCOの真意に思いを巡らせた。協議を積み重ねているが、泉佐野市が合意しにくい提案ばかりを探している気がした。

条例失効まで7か月半、231日になり、協議は前進しているのか停滞しているのか私はわからなかった。


泉佐野市に帰り泉谷副市長にすぐ報告した。

「減収補填は認められない。徴収開始日を盛り込め」

基本協定案を見た泉谷副市長から二つの指示が返ってきた。

「基本協定の回答はどうしますか。減収補填の削除を求めますか。そうなるとずっと平行線でNEXCOと折り合う見通しはありません」

無言の副市長に私は続けた。

「他の法定外税のような表現を求めましょう。例えば『徴収に必要な経費』とかで」

副市長はしばらく考えていた。

「ＮＥＸＣＯに交付金を出して本当に問題ないの」

私は自信を持って答えた。

「天下の東京都がやっているんです。それにもうシステム改修費用は負担します。これも交付金です」

「竹森君は『徴収に必要な経費』という表現でＮＥＸＣＯが納得すると思っているの」

ＮＥＸＣＯがどう出てくるかなんて私にはわからない。ただ私にとって『協議』とは相手の提案を拒否することではなく、新たな提案を返すことだった。

「拒否よりましと思っています」

副市長は少し考えてから「わかった。これでいこう」と話した。徴収開始日を盛り込めというもう一つの指示にも困った。

「徴収開始日は泉佐野市の規則で決めます。その日を、11月に協議するというのがＮＥＸＣＯの提案です」

この指示は頑として変えなかった。

「28日の記者会見でどう答えるんだ。市長は徴収開始日を早く知りたがっている。ＮＥＸＣＯに徴収開始の目標の日を要求したらいいんや」

泉谷副市長が言うように記者会見の乗り切り方も考えなければならなかった。

ＮＥＸＣＯに電話すると料金課長が答えた。

「徴収開始日は条例施行規則で決めると考えています。28日の記者会見では『ＮＥＸＣＯからは年度内を目標と聞いており、市とＮＥＸＣＯで詳細を詰めている』と説明してください」

私が「わかりました」と答えると料金課長は続けた。

「28日は何時頃どのように公表しますか。我々にも道路局にも取材があると思いますので、事前に伝えておかなければなりません」

「10時から始まる議会運営委員会でシステム改修費用が含まれた補正予算案が明らかになります。午後になって3時から市長が記者会見を行い、記者の質問に答えます」

料金課長が「午後3時からの記者会見で市長が話すのですね」と念を押してから話題を減収補填に変えた。

「徴収に必要な経費とはどういうことですか」

私はこれまでに調べたことを話した。

「東京都の宿泊税や太宰府市の法定外税などでは、名称は違いますが税収に応じた一定割合を特別徴収義務者に支出しています。東京都の宿泊税は2・5%です。私の想像ですが、実費弁償や報償の意味合いが考えられます」

「我々の求める減収補填についての泉佐野市の考えはどうですか」

私は返事を用意していなかった。しかし、電話をかけたからには何か答えなければならなかった。

「泉佐野市ではこの要求に強い反発があり、まだ議論ができていません。今は私の個人的な考えを話すことしかできません。どのような税でも納税者や特別徴収義務者に何らかの経済的影響を与えますが、課税する側がその経済的影響を補償した話は聞いたことがありません。それは税の否定だと思います。消費税の増税に損失補填を求めること、損失を補填することはあり得なかったと思います。損失補填という考え方は税に馴染まないと思いますし、利用税も同じように扱ってほしいと考えています」

料金課長は私の話に触れなかった。

「経営に関する重要な事項なので、泉佐野市として検討した上で見解を示してください」

料金課長はまたも「経営に関する重要な事項」と言った。ＮＥＸＣＯが減収補填をとても重要と考えていることはわかったが、ＮＥＸＣＯにとって重要であればあるほど泉佐野市の面々は反発するに違いない。

私は「わかりました」と答えながら、どうしたらこの対立に終止符を打てるかということばかり考えていた。

料金課長はもうひとつ質問した。

「料金収入が５％減少するという我々の資料は検討してくれましたか」

私は「まだです」と答えた。

「我々は泉佐野市の提案を検討します。泉佐野市も我々の提案を検討してください」

２日前に実務協議をやったばかりで市内部で検討する時間がなかった。しかし、泉佐野市はＮＥＸＣＯの要求を検討する気がないと感じたかのような発言だった。

続けて「いつものメンバー」の会議を副市長室で行った。ＮＥＸＣＯが徴収開始に初めて言及したと報告した。出席者の反応は明るかった。

減収補填を要求するＮＥＸＣＯにどのような言葉を返すか、利用税の導入で料金収入が５％減少するとした資料にどうコメントするか、私はこの二つに妙案がほしかった。

丹治市長公室長が言った。

「通行量が5%減少するという説明を、我々ができるか。説明できないやろ。それなら説明しない方がましや」

仮に私が議会で「通行量は5%減少します」と説明し、NEXCOが試算した5%を受け入れたと言えば強い反発にあうだろう。NEXCO西日本は連絡橋を国有化した当事者の1人と思われているのだから仕方ない。

「それでは基本協定が合意できるかどうかわかりません」

私は反論したが誰も口を開かなかった。私の期待した妙案が見つからないままで会議は終わった。


記者会見の前日、市長に報告した。

「NEXCOは年度内に徴収開始と言いました。今は協定書について協議中です」

市長は頷いた。

「明日の記者会見では協議中の内容には触れないようにお願いします」

総務大臣の同意が出た後の記者会見ではシステム改修経費をどちらが負担するのか質問された。協議中の争点や対立しそうなことは格好の新聞ネタだ。減収補填は協議している項目のひとつとして説明し、市長の頭に残らないよう、言い方に気を付けた。

8月29日、料金課長から電話があった。

「昨日、泉佐野市は利用税の徴収開始の時期を発表しましたが、読売新聞だけが夕刊で報道しています。15時に発表すると社内に伝えていましたが約束が守られていません、調べてください」

私は泉谷副市長に報告した。

「10時の議会運営委員会が終わってから市長に取材をした記者がいたな。同じ日に公表したんやからええやないか。市長にずっと付いとくことはできん」

聞き取ったことをそのまま料金課長に伝えるしかなかった。

「我々と泉佐野市とで3時に発表すると情報共有したら、3時に発表してください。それ以前には発表しないでください。我々は社内にも本社にも3時と伝え、3時の発表に備えています」

料金課長はすごく当たり前のことを求めている。私は「わかりました」と答えながら、これからも同じことが繰り返される気がしてならなかった。


それからしばらく、私からNEXCOに電話をしなかったし、向こうからもかかってこない日が続いた。NEXCOが「課題を共有しましょう」と言って作った一覧表を眺めていた。

一覧表に『書かれている課題』という見地からも、『書かれていない課題』という見地からも、これからやらなければならないことを考えていた。

（利用税という言い方もやめなければいけないな）

領収書に記載する利用税の名称も検討課題だった。税務署からは「空港連絡橋利用税」の8文字と受領額100円を領収書に記載するように求められた。しかし領収書によっては最大印字文字数に制限があり、4文字程度しか印字できないものがあった。

泉佐野市の中では4年前から呼び慣れた「利用税」という表記を認めてもらいたかったが、税務署は「ゴルフ場利用税も利用税です」と言って認めてくれず、「関空橋税」を了解してくれた。

(関空橋税という言い方を広めなければならない)

そんなことを考えていると料金課長から電話があった。

「泉佐野市から提案のあった基本協定の表現ですが、『徴収に関連して必要な経費』を提案します」

泉谷副市長の了解をすぐ取り付けた。基本協定の文言が決まり、減収補塡の対立は決着した。

(次だ。経費率の着地点を探そう)

電話をかけると料金課長が聞いてきた。

「基本協定の表現は合意しましたが、我々の、減収補塡の要求を泉佐野市がどのように検討したのか、回答はもらっていません」

もうその話は済んだでしょと言いそうになったが「税に減収補塡は馴染まない」という以前と同じ理由を繰り返した。

「たとえ利用税によって連絡橋の通行料金が減少したとしても、課税する泉佐野市が認めることはできません。もしNEXCOの要求を呑んだら、タクシーやリムジンバスの求めに対応できず収拾がつきません」

料金課長の問いかけは続いた。

「連絡橋の収入が5％減少するという我々の分析についてはどうですか」

負担が増えれば通行量が減るというのは当たり前のことだが、これを受け入れると市役所内で味方がいなくなるというプレッシャーがあった。誰も、何の知恵も授けてくれなかったが受け入れてはならなかった。

「値段が上がっても売り上げが伸びる場合や、一時的に減ってもしばらくすると元に戻る場合があると思います」

「どんな場合ですか、具体的に示してくれればこちらで検討します」

私は思い付きで話したので「調べます」と返した。

NEXCOに反論する材料にするため、値上げしても売り上げが落ちなかった事例を探した。大ヒット商品がそうだが、高速道路と一緒にできるはずがない。しばらくすると無駄な努力をしていることに気付いた。

泉佐野市の9月定例市議会が開会されていて実務協議の時間が取れなかった。料金課長と電話で協議した。

「泉佐野市はどの程度の率を考えているのですか」

泉佐野市で議論したことはなかった。「いつものメンバー」の会議で議論すると、その場で低い率に決まるだろう。自分で自分の首を絞めるだけだった。

「東京都の宿泊税と同じ2・5％なら泉佐野市はまとまると思います」

東京都を参考にしたという一点だけを理由にするのが最も単純で明快だった。

6

「連絡橋の利用税は本年10月に開始する予定と聞いていましたが、先頃の報道で来年3月に徴収を開始する予定とありました。本年4月に国が認めてから開始に至るまでの経緯を教えてください」

9月議会が始まり議員が質問した。

年度内開始の報道で議員の関心は高かった。

本当にNEXCOと合意できるのかという不安を常に持ちながら協議をしていた。しかし、折り合っていないことを公にできないし、「もっと聞きたい」と思わせる答弁もできない。

そうすると、時間はかかっているけれども、来年3月の徴収開始に向けて協議は順調に進んでいると受け取られる答弁書ができる。

さらに、「システム改修経費と広報経費の補正予算を計上しています。よろしくお願いします」と付け加える。

減収補塡は拒否して徴収経費の率は合意できていない。

私は相変わらず追い詰められていた。

(早く合意しなければならない)

議会スケジュールの隙間に第5回協議を行った。

最初に基本協定を確認し合意した。

大きなヤマを越えた。

続いて細目協定案を渡された。

「利用税の負担が関西国際空港連絡橋以外の利用者に及ばないようにするために必要な費用」という文言が目に留まった。

料金課長が趣旨を説明した。

「連絡橋を含む高速道路料金は借金返済の財源です。利用税が導入になると連絡橋料金収入が減収します。この減少分は他の高速道路の料金収入で補うことになります。これでは利用税の影響が他の高速道路利用者に及ぶことになります。この影響分は4・6％です。利用税の導入が他の高速道路利用者に影響しないための措置を泉佐野市に求めます」

私は質問した。

「減収補填と同じではないですか」

「税を否定する意図はありません。有料道路制度を理解してください」

「連絡橋を国有化して高速道路ネットワークに組み入れた結果でしょう」

国有化によって生じた影響は支払えるはずがないと言いかけたが堪えた。

「国有化によって生じたものではありません。利用税の導入によってこれから生じるものです。持ち帰って検討してください」

協議をしているので、拒否できない。近いうちに再度話し合うことになった。

帰りの車の中はまたもや、怒りの声と呆れの声、そしてため息と沈黙だった。

松本課長代理が言った。「NEXCOは合意する気がないんや」

清水理事が言った。「国有化が原因で起こったことですよね」

私は言った。「市役所で報告したら怒るやろうなあ。減収補填よりもひどい要求や」

減収補填の決着は夢で、時間はひと月もふた月も戻った。

しかし、カウントダウンが戻ることはなかった。

条例失効まで6か月と20日になった。


1週間後に第6回協議を行った。

料金課長が質問した。

「我々の提案は検討していただけましたか」

私が1人で1週間悩みに悩んだことを口にした。

「検討しました。高速道路の料金収入は様々なことが影響して変動してきました。これからも変動するでしょう。しかし、利用税の影響だけ将来も4・6%というのは納得できません。しかも国有化して他の高速道路と繋がったから影響するのです」

議論は平行線だった。

それでも泉佐野市はNEXCOの要求を検討して返答した。

次はNEXCOが泉佐野市の返答を検討する番だ。

次の協議テーマになり、料金課長から資料を受け取った。

「広報の参考にしてください」

文書の表題を読んだ。

「関空連絡橋利用税の広報に関する提案」

Ａ４用紙の両面が小さな文字でびっしり埋まっていた。Ａ３で作成しＡ４に縮小してあった。

「ＮＥＸＣＯ西日本は、泉佐野市空港連絡橋利用税の特別徴収義務者として、利用税の徴収業務を円滑に行うため、利用税の周知及び理解促進を図るべきと考えています。そこで、より効果的な広報業務を行うために提案します」

料金課長の声を聞きながら、私は提案書の文字を目で追った。

「・新聞（専門紙含む）、フリーペーパーへの記事　・新聞の投稿欄に投稿（利用税導入の理由）・新聞に広告を掲載（利用税導入の理由）」の欄の横に「・全国紙（朝日、毎日、読売、日経、産経）、地方紙（京都、神戸、奈良、紀伊日報等）、専門紙（例えば、物流業界、旅行業界等の専門紙）、地元で発行されるフリーペーパー等を活用　・市長に直接取材、市長の名前で新聞に投稿」

広報の方法が細かく書いてあった。

「・利用税のホームページ（ＨＰ）を作成　・自治体発行のメルマガでお知らせ（ＨＰへのリンク）」の欄の横に「・利用税ＨＰで、納税者の声を募集　利用税ＨＰは、道路会社、航空会社、近隣自治体のＨＰにリンク　自治体発行メルマガ（大阪府、大阪市、兵庫県、神戸市、京都府、京都市、和歌山県、奈良県等）」

下を向いて黙読している私の頭上から料金課長の声がした。

「現在の連絡橋の利用者だけではなく、普段は鉄道を利用していて一時的に一度だけ道路を利用するかもしれない人も広報のターゲットにしてください。さらに現在は空港と関係がなくても将来利用者になるかもしれない人や一度だけ利用するかもしれない人、近畿圏内に住む人をターゲットにしてください」

私は料金課長の顔を見た後、また書類に目を落とした。

「・市（周辺自治体含む）が発行する市報等の活用」の横に「・市町村数：滋賀県19、京都府26、大阪府43、兵庫県41、奈良県39、和歌山県30」

「・公共交通機関（例えば鉄道）、自治体窓口等の人が集まるところでのリーフレット（チラシ）配布、ポスター掲示」の横に「自治体窓口にポスター掲示、リーフレット等配布：上記の市町村数　・鉄道駅（関空行きが停車）にポスター掲示　JR西日本（阪和線、関空線37駅）南海電鉄（南海線、空港線44駅）」

料金課長が言った。「徴収開始を知らずに連絡橋を通行したために料金所で混乱が起きないようにしなければなりません」

私は料金課長をチラッと見てまた下を向いた。

「・テレビ、ラジオ番組でPR　コミュニティFMでPR」の横に「・テレビ局11局、ラジオ局AM6局　FM6局　コミュニティFM25局　・市長がテレビ、ラジオの番組に出演し、利用税の導入理由を説明　・各自治体が持つ独自の番組に、利用税を取り上げてもらうように交渉」

「・関空内にポスター掲示、リーフレット（チラシ）配布　・機内誌に広告を掲載　・機内でリーフレット（チラシ）配布」の横に「・航空会社との協議が必要　・航空会社数（国内便7社、国際便50社、貨物便10社）

「・駐車場出入り口でリーフレット（チラシ）の直接配布　・駐車場内にポスター掲示」の横に「・新関空会社との協議が必要　・関空の駐車場数：4箇所（一般向け）　・直接配布期間（例）1か月」

「・リーフレット（チラシ）の直接配布」の横に「事業者：航空会社、空港内公的機関、テナント、トラック・バス・タクシー・レンタカー会社の団体等　・事業者だけではなく、車通勤の社員にもリーフレットが渡るように配慮」

「・地域のイベントでチラシ配布」の横に「自治体主催のイベントのほか、地元商店街主催のイベントでもチラシ配布」

「・本線上の横断幕、料金所の看板、懸垂幕等　・SAPAでポスター掲示、リーフレット（チラシ）配布」の横に「・阪神高速、大阪府道路公社、NEXCO西日本との協議が必要」

「・りんくうJCT周辺部の一般道に横断幕、看板等を設置」の横に「・道路管理者、警察等の協議が必要」

受け取ったペーパーの表に目を通し終わったとき、私の思考は停止していた。

時間が動いていると感じなかった。

心のなかでかろうじて呟いた。

（これをやることが徴収開始日を決める条件なのか）

私は基本協定を思い出した。

「泉佐野市は、関空橋税徴収について、関空橋税の納税者となる関西国際空港連絡橋の利用者及びその他の関係者（以下「利用者等」という）に対し、十分に周知し理解を得るよう広報を行うとともに、利用者等の認知度・理解度を確認した上でさらなる広報展開への反映についても行うものとする」

続けて「前項に定める泉佐野市が実施する広報について、利用者等の認知・理解が不十分とNEXCOが判断する場合、泉佐野市は広報について追加対応を実施する」

NEXCOが不十分と判断すれば追加対応をしなければならない規定に泉佐野市内部で反対意見はあった。

「泉佐野市に広報を行う責任があることは受け入れるしかありません」

私にはそれ以外のコメントがみつからなかった。

「負けを認めろ」と暗に言われているようだった。

料金課長は言った。「泉佐野市ができる範囲で、予算の範囲内で計画を立てて、泉佐野市の責任で行ってください」

「NEXCOはこれだけの広報をやっているんですか」

そう言って私はまた資料に目を落とした。

「やっています。我々は広報の研修教育をやっています」

心の中で叫んだ。

（やっているはずがない）

私は黙って資料を眺めた。

「これは100点満点の計画です。できるだけやっていただきたいのですが全てやってくれということではありません」

頭の上で料金課長の声が続く。

「泉佐野市の立てた計画を我々に説明してください」

「持ち帰って検討します」と言うのがやっとだった。

次回の協議は泉佐野市の広報計画ができてから行う、細目協定は電話で協議を続ける、二つを確認して話し合いは終わった。

NEXCO西日本関西支社から泉佐野市役所までの1時間半、またもため息とぼやきを乗せて車は走った。

松本課長代理が言った。「あんな広報、できるわけありません」

私は言った。「全部やれとは言わなかったやろ」

「今日の資料なら注文の付け放題です。NEXCOは関空橋税やる気がないんですよ」

松本課長代理の意見を否定しきれない。泉佐野市がどこかで行き詰まるように仕向けられている、そんな気が私にもあった。

けれども自分からギブアップできない。悪あがきだけが得意だった。

泉佐野市の広報計画を作るしかない。NEXCOの資料を参考に。しかも大至急だ。

「NEXCOの資料に適切な評価ができる人は誰やろ?」

「広告代理店でしょ」

松本課長代理が言うと清水理事が続けた。

「デンツーの人を知っています」

聞きなれない言葉だった。

「デンツーって何です?」

「大手広告代理店です。有名なCMとか作っています」

デンツーが電通になった。

「さすが大阪府。電通に知り合いがいる人に生まれて初めて会いました」

笑いが込み上げてきた。

NEXCOから膨大な資料を突きつけられて身動きが取れず、専門家の意見がほしいと嘆いた途端に電通の人に相談できる可能性が出てきた。『人生は不思議だ』と改めて思った。

「りんくうタウンの活性化で相談に乗ってもらっていて、市役所にも来たことがあります」

「ほんの少しの時間でいいですから相談できませんか。いつでも、どこへでも行きます」


市役所に帰り副市長室で「いつものメンバー」に報告した。

徴収経費の協議はNEXCOの返事待ちだったので、広報に話が集まった。

「高速道路に横断幕を架ける、サービスエリア(SA)とパーキングエリア(PA)にポスターとチラシを置く。広報いうてもこれくらいしかやりようがないやろ。あとは泉佐野市のホームページや」

ホームページ以外はＮＥＸＣＯにやってもらうしかないというのが泉佐野市のこれまでの広報計画だった。

「まず計画を作ってください」

ＮＥＸＣＯの求めに私は頭を痛めているが、協議に加わっていないメンバーから楽観的な発言が続いた。

「どっちみち、広報は予算の範囲でしかできないんや」

「泉佐野市の予算は９００万円ってＮＥＸＣＯも知っているやろ」

「広報は税務課の仕事やから、頑張って」

「ＮＥＸＣＯも年度内開始を認めた責任はある。次は徴収開始日を決める番だ」

「税務課でできることを書いて『これが泉佐野市の計画です』と出したらいいんや」

7

彼は顎に手を当ててＮＥＸＣＯの参考計画をじっと見ていた。

（この人が電通のリーダーか）

私は有名人のコメントを待つ気分だった。

「一見して億を超える事業です」

これが最初のひと言だった。

「連絡橋を渡った後、料金所でお金を払うときに利用者から『知らなかった』と言われれば混乱を覚悟しなければなりませんし、訴訟されることもあるでしょう。この資料くらいのことをやればほとんどの人が『ああ、言われてみれば見たことあるな』と反応するでしょう。そういうレベルだと思います」

NEXCOが「参考計画」と言っていた資料の狙いは何となくわかった。これから作る計画を説明するのに役立つコメントだった。

10月初旬、広報計画作りと実施の準備に明け暮れていると泉谷副市長に呼ばれた。

「今の状況を整理した」

1枚のペーパーを渡された。

「協議スケジュールが遅れている。日時を切って協議を申し入れること
市の責任で11月1日から広報を始めると伝えること。予算は900万円だが、注目度の高い市長が積極的にマスコミに出るなどして費用のかからない方法を最大限活用すること
来年3月1日の徴収開始を提案し、了承させること
減収補填はできない、徴収経費は2・5%とする。この議論は終結すること」

何が言いたいのかは聞かなくてもわかったが、敢えて質問した。

「これをどうしろというのですか?」

「NEXCOにこれだけ通告せい」

私は抵抗した。

「これまで協議を重ねてきた姿勢と全く違います」

「NEXCOは年度内開始と言ったんや。次は徴収開始日を決める番や。市長は早く決めろと言うている」

「こんな言い方はできませんが、NEXCOに連絡は入れます」

私は「わかりました」と言わないで副市長室を出た。

数日後、今度は千代松市長に呼ばれた。入り口で待っていた泉谷副市長に続いて市長室に入った。

千代松市長は会議テーブルに座り、前を睨んでいた。

「NEXCOは徴収する気がないようです。もうNEXCOとの協議に期待しません。納税通知書を送ってください」

私は驚きながら答えた。

「納税通知書を送る根拠がありません。条例に書いてありませんし、通行台数もわかりません」

千代松市長は握り拳でテーブルを叩いてから言った。

「市長の責任でやってください。通行台数が発表されているでしょ。市長命令です。話は以上です」

千代松市長は握り拳を作ったまま前方を睨み動かなくなった。

泉谷副市長は「わかりました」と会釈し、私に退席するよう目で促した。

「ああなっては何を言ってもあかん。時間を置こう」

市長室の外で泉谷副市長が言った。

誰かが助言したのか、それとも自分で思いついたのか、納税通知書を送る作戦は丹治市長公室長が以前話した手法だ。5か月前、第1回協議を報告したときだ。

普通の公務員には思いつかない千代松流の方針が飛び出さないよう、私はこれまで、千代松市長を刺激しないよう、言葉を選んで簡潔な報告を行ってきた。これが逆効果だったかもしれない。

市長は市長で必死に考えていたのだ。

5か月前の振り出しに戻り、ルールを無視した、いわゆる「場外乱闘」を仕掛けなければならない。市長の命令を行動に移した後の将来が恐怖だった。

自席に戻り、片肘をついて宙を見ていた。

松本課長代理が「市長の話は何でした？」と聞いたので、先ほどの出来事を話した。

「げえ」

しばらくしてまた聞いてきた。

「広報の準備は続けますか、それともやめますか」

「今すぐ納税通知書を送るわけではないし、NEXCOとの話し合いもすぐやめるではないし。広報の準備は続けようよ」

10月第2週、条例失効まで6か月を切っていた。

8

ＮＥＸＣＯ西日本から連絡はなく、市長は協議の打ち切りを命令した。

八方塞がりの状況に耐え兼ね、料金課に電話した。課長は出張中で課長代理が出た。

「ＮＥＸＣＯの示した広報の参考計画に驚いています。あの計画を物差しにされたのでは泉佐野市がどんな計画を作っても理解は得られないという不安があります。どこまでやればＮＥＸＣＯは受け入れてくれるのでしょう」

「こちらが出したのはあくまで参考意見です。泉佐野市の計画がだめということはないと思います」

「年度内開始を表明したにもかかわらず、次の協議日程が決まっていませんし、電話でのやり取りも止まっています。泉佐野市には今の状況を不安に感じる意見があります」

「ＮＥＸＣＯは社内協議中です」

「減収補填の話が宙に浮いたままですが、この状態がずっと続くのでしょうか」

「いつまでも今のままということはないと思います」

１週間近く経って千代松市長に呼ばれた。

「先日の話はなかったことにしてください」

私の声が漏れた。「えっ」

「以上です。よろしくお願いします」

退出を促された。

協議の打ち切りと納税通知書の送付はなくなった。市長が強硬発言をした理由も撤回した理由もわからなかった。しかし、安堵した。

さらに料金課長から電話があった。

「NEXCOの立場は、あくまで協定に減収補填を明記することでその割合は4・6％です。しかし泉佐野市がどうしてもできないのならやむを得ません。『事務的経費2・5％』を記載した細目協定案を送付します。今日中に泉佐野市の返事をください」

私はその電話で「OK」と言いたかったが、「上に報告してから返事をします」と答えた。

泉谷副市長は「わかった。それでいい。市長にはおれから報告しておく」と即答した。

料金課長に電話した。

「泉佐野市の広報計画を出してください。NEXCOが承認したら徴収開始日の打ち合わせになります」

急に視界が開けた。ついさっきまで年度内開始がなくなる心配をしていた。今は、11月中に徴収開始日が決まり、12月から広報しなければならない。

（NEXCOも追い詰められていたのか）

大臣の同意から1年以内に施行するという条例ができた。それによって私は、来年の4月11日という『期限』に追い詰められていた。

ＮＥＸＣＯは年度内の徴収開始を認めた。

それによって、ＮＥＸＣＯもまた、自ら設定した『期限』に追い詰められていた。私だけが八方塞がりだったのではなかったようだ。

体の内からアドレナリンが湧いてくる気持ちだったが、一緒に難問も押し寄せてきた。ひと言で言うなら、人も時間も金もなかった。

第１に人がいない。

広報期間に設定した12月から3月は税務課の繁忙期と重なっていた。職員は50人近くいるが、長時間労働による産業医の面談を受けなければならない職員が毎年数人出る時期だ。長時間労働に抵触しない業務計画を立てるよう指示を出している私が業務を増やすわけにはいかなかった。産業医の面談は人事課にいたときに私が作ったルールだったので尚更だ。当てにできるのは、関空橋税を担当する税務総務係だけだった。

第２に時間がない。

人がいないので広報事業の多くは外部委託をするしかない。数百万円の事業経費に適用される泉佐野市の契約ルールは踏襲しなければならない。今月初めから松本課長代理に準備をしてもらっていたが、それでも締め切りは目前に迫っていた。

第３に金がない。

電通のマネージャーから「１億円以上かかる」と言われたが、予算は９００万円しかない。10分の１以下に絞り込まなければならない。全国紙に１回ずつ、それなりの広告を載せるだけで９００万円を超えるかもしれない。

それを、多くの人が「関空橋税の徴収開始？　ああ、聞いたことあるよ」という状況に持っていかなければならない。

高速道路上の横断幕やサービスエリア、パーキングエリアのポスターやチラシは絶対に欠かせない。

決定的に困ったことは1件当たりの経費単価のわかる項目が一つもなかったことだ。

松本課長代理に聞かれた。

「業務委託仕様書のベースになる設計金額がわかりません。ネットで検索しながら適当に作るしかありませんけど、それでいいですか」

細部までこだわっていては何もできない。

「仕方ないよな。今はそれしかないよな」

さらに、NEXCOの承認を受けることになっていたが、事前承認を受ける時間はなかった。広報の準備を進めながら、次の協議日程を調整することにした。

広報計画の仕上げにかかった。

NEXCOが作成した「ロードマップ」と広報の参考計画を真似て『広報事業ロードマップ』の表題をつけ、A4で1枚にした。

11月中に徴収開始日が決まり、12月から3月末までを当面の広報期間とした。

広報の対象を「近畿2府4県」「関空・泉佐野市周辺地域」「利用者・関係者」に区分して、ポスター掲示・チラシの設置と配布を行う。ホームページへリンクを貼る依頼をする。

関西空港に向かう全ての道路に横断幕を設置する。サービスエリアとパーキングエリア、関西空港内、空港島内、周辺の鉄道主要駅にポスターとチラシを設置したり、配布したりする。

テレビやラジオの活用が最も効果的だが、900万円の予算でできるはずがない。今までより以上にテレビ取材が入ることを狙って積極的に情報提供することを盛り込んだ。

ホームページ、ポスター、チラシ、看板、横断幕の案を作った。「○月×日徴収開始」の○と×に数字を入れるだけにした。

11月初めに第7回協議を行った。

私が泉佐野市の広報事業ロードマップを説明した。

料金課長はNEXCOの参考計画と泉佐野市の広報事業ロードマップを見比べた。それからひとつひとつ突き合わせるように質問した。「機内誌の広告は空港利用者に効果的です。できませんか」

「地域のフリーペーパーは、普段空港を利用しない人も見ます。広告を掲載できませんか」

「空港内や繁華街でのリーフレットの配布回数を増やすことはできませんか」

「テレビ、ラジオの広告はありませんが、どのような検討をされましたか」

時間もお金も経験もなしに作った広報事業の説明をするのはつらかった。

「お金がないなら泉佐野市の職員の皆さんでできませんか」の質問もあった。職員がやる事業はロードマップに盛り込んでいたし、税務課の繁忙期が迫っていたのでこれ以上増やせなかった。

しかし、目の前の料金課長やNEXCOの社員は関空橋税の徴収という泉佐野市から押し付けられた業務に膨大な時間を費やしていたので、「職員はできない」という理由は繰り返さなかった。「職員でもう少しくらいはできるでしょう」と投げかけられた。それを突っぱねないで、しかもわかりやすく答えるのは苦しかった。

私は詰まりながら言葉を選んで話した。

「我々は本社に報告しなければなりません」

事細かに質問する理由を料金課長は話した。

ロードマップの説明は終わった。

料金課長が本社に報告しなければならないように、私も市役所に帰ると報告しなければならないことがあった。

「徴収開始のXデーはいつ決定できますか」

「システム改修の詳細な日程が今月中旬にわかります。その後こちらが候補日を提案します、泉佐野市で決定してください」

「では次回の会議で提案をお願いします」

決める日程は三つあった。第1に徴収開始日。第2に徴収開始日を決定する日。第3に徴収開始日を発表する日。どれも大事だ。突然の発表に関係者が困惑しないよう、発表の日時と方法を連絡できるように準備しておかなければならない。

単に発表するのではなく、大ニュースになるような演出が必要だ。今度は絶対に事前に漏れてはならない。徴収開始日と発表日の両方の情報を管理しなければならなかった。

（徴収開始日を決めてから発表までが長いと泉佐野市から漏れるかもしれない）

副市長から「徴収開始日を早く決めろ」と言われるが、徴収開始日を知ったときから、私は情報漏洩の恐怖に怯える。職員には「守秘義務を守れ」と言えるが、市長にそういう言い方はできない。

発表する日だけを決めて準備を行い、発表の直前に徴収開始日を知った方がいいかもしれない。

NEXCOと協議している間、いろいろ考えた。

そして、徴収開始日を決めるだけの準備ができていない自分に気付いた。次の会議の日時は求めなかった。

市役所に戻るとすぐに11月の市の大きな予定を調べた。中旬から下旬までの期間で市長の記者会見を行い、徴収開始日を発表する日を探した。11月30日金曜日の午後3時に市長の定例記者会見が既に設定されていた。その時間が有力候補だったが、他の案件と一緒に発表して、狙いどおりのインパクトある演出ができるのか、という課題は残った。11月20日くらいに発表したいとNEXCOに電話を入れた。

徴収開始日の発表はNEXCOにとっても大きなイベントだった。今はNEXCO本社や国交省と協議中で、泉佐野市とは話し合えないと返ってきた。

11月中に徴収開始日を発表する共通認識はあった。

しかし「いつ決めるか」が決まらずに日が過ぎていった。月末までの日数が減って選択肢もなくなっていった。

料金課長から電話があり、11月20日に協議を行って、30日に徴収開始日を発表することになった。

徴収開始日を発表し、広報をスタートする。戦いの場がステージアップする。

税務課で作成したホームページと業者に発注したポスター、チラシ、看板、横断幕それぞれにNEXCOの了解をもらい、完成品に仕上げていった。あとは「○月×日△時」の○と×と△に数字をもらうだけだった。と言っても△の数字はゼロと決まっていた。

料金課長に言われたことがあった。

「『午前0時から』を特に強調してください」

施行日が「1月1日」なら、日付が変わった1月1日午前0時から始まると決まっている。絶え間なく自動車が行き交う高速道路だと、秒針が午前0時になった瞬間に料金所を通過した車から課税が始まる。そこを強調しなければならない。

9

11月19日、料金課長から電話があった。

「明日の協議を延期させてください。明日は徴収開始日の決定について協議すると考えています。現在は最終調整の段階で関西支社の手を離れ、本社と国交省に行っています」

了解するしかなかった。

1日空けて、また、料金課長から電話があった。今度はリーフレットの文章を変えてほしいだった。

「国有化に対する減収補填がないから関空橋税を導入すると書かれていますが、この理由で我々は税を徴収できません」

この期に及んでNEXCOは関空橋税を導入する理由を拒否したと思った。

「泉佐野市がずっと主張してきたことですよ。今さらそれを変えろと言われても困ります」

「泉佐野市の導入理由を否定しているのではありません。このリーフレットは泉佐野市が広報に活用するだけでなく、我々も料金所で配ります。国が支援しないので100円を払ってもらいますと我々が利用者に言うことはできません」

税を徴収するNEXCOが大変なのはわかったが、私の口から「関空橋税はそういう税でしょう」という言葉が出た。

「これは本社の上層部の意見です」

料金課長が強調した『本社の上層部』の意味が私にはよくわからない。私が「はあ」とあいまいな対応をした。

「本社の意向です。わが社の役員が言っています。株主が言っています」

NEXCOの株主とは国交省のことだ。道路局から厳しく言われているのだ。料金課長は語気を強めた。

「税の苦情を言う人に対して、火に油を注ぐようなリーフレットは渡せません。料金所でこのリーフレットを渡す我々のことを考えてください。想像してください、竹森理事。あなたはこのリーフレットを渡せますか」

料金課長の声が私に響いた。

「関空橋税に反対する利用者で関空料金所が混乱して大渋滞が起こらないとは言えません。対岸まで反対の車列が続くのです。こんなことはあり得ます。絶対に起こらないようにしなければなりません」

料金課長は過去の料金値上げ反対運動を例に出した。NEXCOにとって「想定外」という言葉はあり得ない事案だった。

私の中で何かが弾けた。

小さなものが割れる音を感じた。

私はずっと、「国有化に対するリベンジ」「減収補填のための税」という枠に囚われていた。しかし、関空橋税の利用者にこんなリーフレットを渡してはならないという直感が働いた。

「わかりました。表現を考えます」と言って電話を切った。

私は転換点に立っていた。

関空連絡橋の国有化が発表されてから丸5年。失われた税収を回復するための戦いだった。

今、関空橋税の徴収開始日が決まるのを待っている。徴収開始によって失われた税収が回復するのではない。失われた税収の回復がスタートする。円滑にできなければ中断もあり得る。そうなれば『関空橋税』作戦は失敗だ。

松本課長代理は少し驚くように言った。

「減収補填の文言を削除するのですか」

彼でさえ賛成と言わないのだから市役所内の賛同者は期待できなかった。

私1人だけが道路局の指摘に同調し、私1人だけの判断でリーフレットを修正する。税を円滑に徴収するためだ。


『真田太平記』の1場面、「犬伏《いぬぶし》の陣」が脳裏に浮かんだ。

関ヶ原の戦いの前、真田父子は犬伏の陣で再会した。父昌幸は挙兵した石田三成に与する覚悟で、信之は家康に付き従う腹だ。「豊臣の御為」と説く昌幸に対し、信之は「天下の為」に戦乱を終わらせるのだと語る。父や弟、多くの家臣と決別し孤独な道を選んだ。

私は「減収補塡」の大義を降ろすことにした。

泉佐野市の中で私1人だけが新しい大義を掲げた心境だった。

私は真田信之のように命がけではなかったが、それでも思いを理解してもらえない孤独感は同じだった。


11月最終週、26日の月曜日になった。料金課長から電話があった。

「先ほどメールを送りました」

私がメールを開くと料金課長は続けた。

「本社等と調整した結果、徴収開始日を提案します。泉佐野市の回答をお願いします」

すぐ市長に会った。

「わかりました」

ここからが重要だった。

たった今、徴収開始日は市長の頭にインプットされた。

市長が不用意に喋らないように釘を刺さなければならない。

細心の注意を払って言葉を選んでお願いした。

「これからは広報に力を入れなければなりません。徴収開始日の発表が広報のスタートです。大々的な発表にするため、市長に発表していただきたいと考えています。NEXCOから言われていますし、ニュース価値を高めるためにも発表まではくれぐれも秘密でお願いします」

千代松市長の「わかりました」と言う声をもう一度聞きたかったが、市長は黙って首を前後に動かしただけだった。

私はほんの少し待ったが念押ししないで部屋を出た。

自席に戻り料金課長に電話をした。


しばらく前から私はテレビのニュースや報道番組を見ながら考えていた。徴収開始日を大々的に発表する演出である。自治体は報道機関から求められて、仕方なく記者会見を行う場合が多い。そこに演出はなく、テレビの音声を聞いたりテロップを読んだりしないと内容がわからない。

また知事や市長の顔がアップになることも改めてわかった。

市長の後ろに大きなパネルを置くことを考えたが、市長を映すとパネルもずっと映る。ニュースをチラッと見た視聴者にすぐ伝わるが、市長が語る前に「3月×日午前0時」が報道陣に知られてしまう。

そうならないように、大写しになった市長の顔の横に突然「泉佐野市、空港連絡橋利用税、平成25年3月×日午前0時から、プラス100円」の文字が映される画面を思い描いた。

「本日午後4時、関空橋税の徴収開始日を発表します」

11月30日、報道機関にファックスした。

3時の定例記者会見が終わった後の、4時に設定した。

早速記者から電話が入った。

「本当に道路に課税するとはねえ。どこかで国と話がつくと思っていました」

「徴収開始日を発表するだけです。これからまだ何があるか、わかりませんよ」

私はおどけた調子で言ったが半ば本気だった。一度課税を始めれば既成事実になる。道路に課税して本当にいいのかという思いはまだあったし、どんでん返しは、いつだってあり得る。

「それで徴収開始日はいつですか」

少しでも早く情報を入手したいのだ。

今のところ、徴収開始日は漏れていないようだ。夕方までこのままであってほしかった。

誰が発表するのかという問い合わせに「市長です」と答えた。

在阪各局から申し入れを受けた。

「テレビカメラを入れたい」

大々的に発表したい私の思惑どおりだ。

午後、泉佐野市役所周辺で黄葉したイチョウ並木を撮影しているテレビカメラがあった。

辺りに銀杏臭が残っていた。

時間が迫り私も記者会見場に入った。

ソファが四角く置かれ、正面に泉佐野市をＰＲする背景スクリーンが据えられた。その前が市長席と一目瞭然でわかる。私と清水理事は市長の対面に席を確保した。左右が記者用だ。カメラとライトは市長の席に照準を合わせていた。

市長室に通じる扉に秘書課長が門番のように立ち、腕時計を見ていた。彼が消え市長が入ってきた。座って姿勢を整えた。

定刻16時、市長がコメントを読み上げた。

「平成25年3月30日午前0時から空港連絡橋利用税の徴収を開始することを決定しました」

市長の発言が合図だ。

関空の海の碧を基調にした巨大ポスターを職員が隠し場所からさっと取り出して掲げた。試作品の2枚だ。『3月30日午前0時＋１００円』の文字が市長の顔の両側にあってテレビで大映しになるはずだ。指示どおりの動きに満足だった。

市長コメントの後は記者の質問で、最初に幹事役の記者が質問した。

市長は俯き加減で想定問答集を見ながら答えた。

何番目かの質問だった。

「連絡橋の利用者にはどのようにして理解を得るのですか」

これに市長の動きが止まった。ニュアンスの違いから想定問答集にない質問と思ったようだ。市長は俯き加減だった顔をぱっと上げた。ずっと市長を見ていた私の目が市長の目と合った。市長が顔を上げた動きを合図に、報道陣がぐるりと向きを変えた。波が一気に寄せるように満場の視線が私に迫った。カメラもライトも。

時間が止まった。私は唾を呑み込んだ。

「えっ、私が答えていいのですか」

「どうぞお願いします」

幹事に促された。

私は急遽、記者会見の主役に指名されたと思った。市長の代わりを演じようとカメラを意識して一語一語ゆっくりと区切って話した。

「あらゆる手段を使って、懇切丁寧に説明をして、理解を得ることができるよう努めてまいりたいと考えております」

幹事が私に言った。

「ありがとうございます」

「今の言葉を市長に話してほしいのです」

幹事が市長に向き直って話す。同時に報道陣が一斉に市長の方を向いた。会場の視線が引き潮のように私から遠ざかった。市長は何事もなかったように再び俯き加減になり、噛み締めるように私の言葉を繰り返した。

やがて記者会見は終わり、カメラが海の碧を基調にしたポスターを映していた。私の脳裏にライトの眩しさが残っていた。

夕方のニュースは私が思い描いたとおりの市長による記者会見で、私が映るハプニングはなかった。表舞台に私の仕事場はなかった。

NEXCOの料金課長から後日、「記者会見は良かったです。青いポスターはよくわかりました」と電話があった。

◇

総務大臣の同意が出た直後から、私はほとんど毎日、条例が失効する平成25(2013)年4月11日までの日数を数えていた。カウントダウンをしていた。過ぎた日数と残りの日数を数え、比率を目算し、やったことを思い出し、やらなければならないことを想像し、その比率も目算した。

絶望したり、もっと上手くやらなければならないと自らを奮い立たせたりした。

徴収開始まで4か月。

これから先も何が起こるかわからないが、大勢は決まった。広報を行い、円滑にスタートするだけだ。

日付が変わって関所攻めが始まるように、暗闇に沈んでいた深夜の関空橋が長蛇のヘッドライトで浮かび上がり、新税反対の自動車軍団がクラクションを鳴らして午前0時の関空料金所を攻める。

こんな未来が決して到来しないように広報を繰り広げる。私の次の役目だ。

りんくうタウンの観覧車から沖合に関西空港が見える。大阪と神戸は右手で、和歌山は左手の方向だ。目の前の関空連絡橋を通る車はこれらの地域から集まる。関ヶ原の決戦場に全国の兵が集まったように。

真田の草の者のように、ひっそりとまた時には大胆に動き回らなければならない。広報ロードマップに取り組む自分に思いを馳せた。

決戦の日時は平成25（2013）年3月30日午前0時だ。

私はまたカウントダウンを始めた。

第4章　崖っぷち

私は税務課長になってから空港連絡橋利用税が実現するまでの物語を書こうと思い立った。しかし、「利用税に取り組んだ当時の私」は税務課長になるまでの経緯をほとんど知らない。

一方、「物語を書き始めた現在の私」は、取材し調べた情報を持っている。連絡橋の国有化は、「空港連絡橋利用税が実現する物語」の中では起承転結の「起」だが、「私の物語」の「起」ではない。

時期外れの陳情団

平成20（2008）年1月下旬の早朝、関西国際空港に向かう連絡橋をマイクロバスが走る。雲ひとつない青空、遠くに明石海峡大橋、六甲山、淡路島が見える。朝日を背に感じる。

空港で降りた15人はＳＦＪ（スターフライヤー）020便で飛び立った。

羽田空港に着いた。曇りだった。

数人が合流して20人近くに増えた一行は、雲にどんよりと覆われた霞が関を歩いていた。

一行の誰もが朝からほとんど何も話さない。先頭を歩くのは泉佐野市の新田谷修司市長だ。その横に地元選出でちょんまげがトレードマークの松浪健四郎衆議院議員がいた。さらに市会議員が15人と随行の職員がいた。厚い雲を背負ったように足取りは重かった。

年末に発表された来年度政府予算の財務省原案に関西空港連絡橋の国有化が盛り込まれた。これが実現すれば新田谷が市長になってから取り組んだありとあらゆる努力がひとつの例外もなく無に帰してしまう。

それ故、新田谷市長はすぐ松浪健四郎代議士に国の担当者との面談を依頼した。予算が発表された後の陳情は、試合終了後に抗議するようなものだ。しかし、新田谷市長はいきなり死の宣告を受けたと言える状況にじっとしていることはできなかった。

一行は中央合同庁舎3号館に到着し、国土交通省航空局長に会った。

15人の市会議員が後ろに立っていた。新田谷市長は要望書を読み上げた。

航空局長は軽く咳払いをし、要望書を見ながら小さな声で話した。

「まず、泉佐野市さんには、日頃から関西空港の運営、共存共栄にご協力をいただき、感謝しております。かねて地元からも要望の強かった関空連絡橋の通行料金の引き下げがようやく実現できることになりました」

新田谷市長の要望書は、「関西国際空港連絡橋の通行料金を引き下げる予算措置は関空の国際競争力を高めることとなり、多いに歓迎する」で始まっていた。

航空局長は続けた。

「アジア・ゲートウェイ構想等でも指摘を受けている連絡橋料金の引き下げが道路局の多大な協力をいただき、やっと実現できたことをご理解いただきたいと思います。今回の方針決定は道路局が主導だったため、航空局としては予算決定の直前まで動くことができませんでした。そのため関空に関わる案件については地元と協議しながら進めるというルールがあるにもかかわらず泉佐野市さんと十分な話し合いもしないでここまできたことを謝罪します」

事前の説明がなく決定されたことは残念だという新田谷市長に対して、航空局長は小さな声で謝罪した。

本題はここからだ。

泉佐野市はかつて関空が開港した後の税収増加を当て込んで、国際空港の玄関都市にふさわしいまちづくり事業に莫大な費用を投入したと新田谷市長は訴えた。

航空局長は言った。「航空局としても共存共栄の考え方の下、地域の発展のために航空保安大学校の移転などできることを引き続き進めていきたいと考えています」

地価の下落で税収が計画を大幅に下回り、1540億円もの借金が残っている、それでも連絡橋の固定資産税を10年間で総額47億円減免したと新田谷市長は強調した。

航空局長はひと言だった。

「要望の趣旨は国交省として理解します」

連絡橋の買い取りで固定資産税が減収になる。税収の5%近くが減り、これからやろうとしていた教育施設の建て替えや耐震化等の事業ができないと訴えた。

航空局長は言った。「固定資産税が減額することについて国交省にはピンポイントの手立てがありません。国交省としての支援は難しいです」

新田谷市長は国の財政支援を求めた。

航空局長は言った。「平成21年度以降の話なので、すぐにどうこう言えませんが、総務省に相談していきたいと考えています」

本来、地元対策は国が行う事業の一部で、国有化の予算と地元対策の予算は切っても切り離せないものだ。

それが地元に相談どころかひと言の連絡もなく国有化方針が発表された。

航空局長は謝罪をしたが、新田谷市長が求めた財政支援は来年度の話として総務省に振った。

地元の松浪代議士は不交付団体になっても支援するように付け足した。

航空局長は言った。「不交付団体になった場合の措置など特別な対応をあまり言う立場にありませんが、総務省に事務的に伝えています」

泉佐野市の特別な事情は関係ないという態度だった。

不交付団体とは、国から自治体に支出される地方交付税のうちの普通交付税が受け取れない自治体のことだ。

普通交付税は自治体の収入（歳入）より支出（歳出）が大きい場合に不足分を国が補填する仕組みだ。

計算方法はややこしい。

収入とはそれぞれの自治体の税収で、支出とはそれぞれの自治体の実際の支出ではなく人口や地域特性を考慮した計算上の金額だ。

だから、税収が増えると普通交付税は減るが、支出が増えても普通交付税は増えない。税収が4億円増えるとその4分の3である3億円の普通交付税が減る。

近年の泉佐野市は、年によって差はあるが毎年4億円前後の普通交付税が国から入った。逆算すると4億円の3分の4、歳入が6億円近く増えれば不交付団体になる。

泉佐野市は1540億円という莫大な借金を抱え、数年後に借金返済である公債費が急増する。公債費が増えても普通交付税は増えない。従って、6億円程度の歳入増なら普通交付税は入らなくなるうえ、増加する公債費は賄えない。故に泉佐野市はここ数年間、なりふり構わず歳入を増やすことに奔走してきた。

最初の陳情は終わった。

次に一行は総務省に行き、自治財政局長と会った。

今回も新田谷市長は要望書を読んだ。

自治財政局長は言った。

「泉佐野市さんは地方交付税の不交付団体になるという前提で、固定資産税の減収分を特別交付税で支援してくれないかという要望だと思います。本来、不交付団体は富裕な団体のはずですから、泉佐野市が不交付団体になることは喜ぶべきことです。そういった団体に特別交付税の措置をすることは現行制度では難しいことです。また、総務省は支援のための補助金制度を持っていませんので、支援の手立てがありません。

ただし、泉佐野市の状況もわかりますし、この話は国交省からも頼まれています。松浪代議士も、市長をはじめ市議会の皆さんも来られています。国としてどういう手立て、支援ができるかを実務的に大阪府と相談しながら検討していきたいと考えています」

税収が増えて不交付団体になる自治体はあるが、税収は減るにもかかわらず不交付団体になるという泉佐野市の陳情に自治財政局長は困惑した。

無理難題を通り越して理解しがたかった。どうしてこんな要望が上がってきたのかわからないが、松浪代議士が同行しているので無下にできない。奥歯に物が挟まったような言い方で「いずれにしろ来年の話なので大阪府と相談してから来てください」と返した。

国交省からも総務省からも「来年の話」と言われた。大人数で陳情し泉佐野市の必死さを見せることはできたと新田谷市長は思うが、成果はなかった。

数年後に公債費は急増する。なのに、自治体固有の税であるはずの固定資産税がなくなろうとしている。市の財政破綻が現実味を帯びる。

無言の集団が雨の霞が関を後にした。

1
突然の国有化発表

「平成19（2007）年12月末、何の事前連絡もなく、突然国有化の方針が発表された」

泉佐野市が空港連絡橋利用税に取り組んだ経緯を説明するときは常にここから話が始まる。

連絡橋の固定資産税は、平成19（2007）年度で8億円、市税の5％に近かった。国有化されるとそれが全てなくなる。

それまで国交省と大阪府と泉佐野市は、関空に関わる情報ならどんな小さなことでも共有する暗黙のルールがあった。しかし、国有化の件はどうして事前連絡がなかったのか。私は平成19（2007）年当時も平成22（2010）年に税務課長になってからもわからなかったし、信じられなかった。

私は謎を解くための取材を始めた。当時の新田谷市長に会いに行って質問した。

「国有化されるという情報は、いつ頃、誰から、どのようにして泉佐野市に入ってきたのですか」

「大阪府からや。それ以上の細かいことは知らん」という返事が返ってきた。

次に、当時大阪府から来ていた小林（仮名）副市長に会いに行った。

私は予想を話した。

「最初の連絡は大阪府の空港戦略室からでしょう」

「空港戦略室ではありません」

意外だった。

「いわゆる知事官房から電話がありました。季節としては秋。でも政府予算案の発表までそんなに日はありませんでした」

秋で政府予算案の発表までそんなに日がなかったとしたら早くて11月初旬だろう。

小林元副市長の話が続く。

「すぐに市長に確認しました。『知らない』と言うので空港戦略室に電話したら、ああ～、その件か……とか、決まった話ではないから……とか、国の予算が付くかわからないし……、今は説明できる内容がないんだ……、その話は関わらない方がいい……とか言ってました」

電話では埒が明かなかったのだろう。

小林副市長はすぐに大阪府の空港戦略室に行ったが、空港戦略室長の態度は電話と同じだった。

私は次の質問をした。

「空港戦略室は、泉佐野市の税収に影響する事業が上手く進むと考えていたんでしょうか」

小林元副市長は言った。

「空港戦略室は突然聞かされて、解決策を持っていなかったのでしょう」

国の予算編成は各省庁が毎年8月に行う概算要求から始まる。

関空連絡橋の国有化は国交省の概算要求に含まれていなかった。それが年末の予算編成に向けて急に動きだした。

新田谷修司市長

これより少し前の平成19(2007)年9月26日、新田谷市長は年明けの1月27日が投票日の次期市長選挙に3選を目指して出馬すると表明していた。

市長の任期は長くても3期と考える新田谷にとっては、最後の市長選だった。

同時に8年前、市政を変える決意で市長選挙にチャレンジした新田谷にとって、次の任期は当初の公約を果たす最後のチャンスだ。

8年前、新田谷は6期24年の実績を持つ現職に挑んだ。市政に多くの弊害を生みだした長期政権に取って代わるためだ。

殊に泉州沖に関西新空港の建設が始まってからの3期12年間、現在の市長は関空バブルに踊らされて泉佐野市をだめにしたというのが新田谷の考えだった。

昭和62(1987)年、泉佐野市の海岸部と沖合を埋め立てる許可が下りた。いよいよ関西空港とりんくうタウンの建設が始まる。同時に空港に向かう鉄道や高速道路も造られる。泉佐野市域に鉄道と高速道路が走ると既存の道も水路も分断される。都市《まち》を壊さず生活や産業、農業を守るためにそれらを整備し直さなければならない。

空港建設に伴う地域整備は泉佐野市が行う役割分担だった。加えて国際空港の玄関にふさわしい都市《まち》になることが市政の大目標だった。下水道を整備し、駅前を再開発し、総合文化センターを建設する。空港災害に対応できる病院が必要で市民病院を建て替える。

空港関連と理由づけされた事業は100を超えた。

その結果、市の財政は急拡大した。関空建設工事が始まった昭和62（1987）年度は32億円だった投資的経費が、2年後の平成元（1989）年度から平成10（1998）年度まで毎年100億円以上になった。関空が開港した平成6（1994）年度は209億円、翌平成7（1995）年度は315億円と突出した。

事業の財源は地方債だった。莫大な事業を借金で行うことは常に倒産と背中合わせだ。しかし空港ができれば税収が飛躍的に伸び、返済可能とされた。

昭和62（1987）年度は104億円だった税収が、平成元（1989）年度の119億円から平成10（1998）年度の215億円に伸びた。

関空開港の翌平成7（1995）年度は税収が201億円になり地方交付税の不交付団体になった。平成14（2002）年度までの8年間で交付団体になったのは1度だけで交付額は1億円だった。

借金総額も激増した。

普通会計の地方債残高は平成元（1989）年度158億円から平成10（1998）年度771億

円。地方債以外の借金を含めると負債残高は３４４億円から１６１５億円になった。

バブルが崩壊し日本が失われた10年の真っただ中を漂っていたとき、泉佐野市のバブルは弾けていなかった。空港バブルだ。開港までは建設工事で湧き、開港後は空港と共に大きく羽ばたくと期待された。

自治体のほとんどが財政危機で行財政改革を進めていた時期に、泉佐野市は事業が増え、職員が増え、借金が増え続けた。

平成６（１９９４）年９月４日に関空が開港し状況は一変する。

開港後の平成７（１９９５）年４月から始まる会計年度が平成８（１９９６）年３月に終わり、平成８（１９９６）年11月に決算が公表される。当時は同じ時期に平成９（１９９７）年度の予算編成がスタートした。

「空港を誘致して税収が入り、泉佐野は良かった」

市役所内でこの時期よく語られた評価だ。

これが１年かかって市役所の多くの職員に行き渡った翌平成10（１９９８）年に、

「不交付団体で赤字再建団体に転落か」

と手のひらを返したように方向転換した財政見通しが語られた。

市の財政は前代未聞の事態が迫っていた。

税収は不交付団体になるほど伸びたが、それでも計画を大きく下回った。

一方、市の支出は公債費が計画どおり増加した。

税収が増えると普通交付税が減るが、支出が増えても普通交付税は増えない。
以後、泉佐野市は長期にわたって「不交付団体になりそうなのに倒産の危機」に直面し続ける。

市会議員時代の新田谷は、泉佐野コスモポリス事業に問題ありとしてきた。元助役が事業用地を購入していたり、土地の代金が二重に支払われたりした事実を調べ上げた。

市民の税金が不正に使われていると断じ、子どもたちのために税金を使う「クリーンな市政の実現」を最大の公約に掲げ新田谷は市長選に挑んだ。

「弱者や子どもたちに優しい政治」や「小中学校の建て替え、プール付きの体育館を建設」を約束した。

平成12（2000）年2月、ほとんどの市会議員が現職を支持する選挙に1万9544対1万9013、531票の僅差で勝利した。

4年の任期で、どのようにして公約を実現するか、どの経費を削るかを考えるために、新田谷新市長は収支見通しを作らせた。すると平成11（1999）年度から市長の任期が終わる平成15（2003）年度までの財源不足合計は145億円だった。

公約実現の順番を考えるどころではなかった。

泉佐野市はいつ倒産するのか、すぐに倒産ラインを調べさせた。当時の泉佐野市の財政規模なら累積赤字が48億円を超えてはならなかった。新田谷市長は自分の任期中に予想される145億円の財源不足を48億円以内に抑え込まなければならない。差は97億円だ。

新田谷市長が就任後に発表した計画は公約を実現するためではなかった。行財政改革計画だ。4年の任期の間に、97億円の収支改善を図るために歳出を73億円削減し、歳入を27億円増やすプランだ。公約違反という政治の世界でよく耳にする言葉に加え、「財政が悪くなったのは市長が変わったからだ」という批判を受けた。

就任2年目。新田谷市長は収支改善の進捗状況をチェックした。

バブル崩壊後の地価下落が続き、税収の減少が激しかった。収支不足は一層深刻で前年の計画を達成しても赤字再建団体への転落は避けられなかった。新田谷市長は行財政改革計画を変更し、「財政が悪くなったのは市長が代わったからだ」という批判を受け続けた。

任期の残り2年間も状況はさらに悪くなった。地価が下落して税収が減り、新田谷市長は計画を修正し批判に耐えた。

平成16（2004）年2月、2期目の市長選挙になった。

泉佐野市を赤字再建団体に転落させないことを最大の目標に掲げて再選し、これまでのどの行財政改革よりも一層厳しい収支改善計画を出した。このままいけば確実に赤字再建団体になると財政非常事態宣言を出した。

市役所で働くほとんどの職員は自分の職場のことしかわからない。行財政改革計画が出ると自分の仕事にどんな影響があるのか、給料はどれくらい減るのか、職場の人員は減るのかが気になる。

最初の頃は「前の計画は甘かったのか」と批評していたのが「まだ削るところがあったのか」に変わった。

財政非常事態宣言で、体育館や図書館などの公共施設週2日閉館が提案された。施設の閉館日を増やして光熱水費を削りたいのだ。財政危機を脱するまで全体にしたいところを、週2日閉館で踏ん張ったと市民に訴えているようだった。関空開港後に建設され、オープンして10年に満たない施設もあった。週2日閉館反対のプラカードを手に体育館の利用者がデモ行進を行った。

近しかった先輩が「嫌になった。疲れた」と口にして辞めた。総務部長で定年まで数年を残していた。

彼は古希を過ぎるまで私に本音を話さなかった。

「あの時は職員を200人削減しなければならなかった。以前からあった計画やけど総務部長の仕事やった」

私は割り切れない思いで「人員削減のために率先して辞めたんですか」と聞いた。

「泉佐野市で200人はものすごい数や。親しい人間や同年代の連中に辞めてくれと言わなあかん。自分も辞めるしかないやろ」

バブル崩壊後の日本の状況を「失われた10年」と評する人がいた。日本経済のバブルが弾けた後も強烈な関空バブルに沸いた泉佐野市が失う年月は10年どころか20年にも30年にもなる気がした。

私は40代半ばで給料は下がっても貰えるだけでいい、仕事があるだけでいいと思っていた。

しかし「いつまで、どこまで我慢すればいいのか」という職員の不満の声が聞こえた。「赤字再建団体に転落しないため」という言葉が闘うスローガンのように繰り返された。

「赤字再建団体の方が増しじゃないの」という声はあったが、赤字再建団体になればどうなるのか、誰も知らなかった。

第2の夕張

泉佐野市が財政再建団体に転落するかどうかの崖っぷちで踏み止まっていたとき、夕張市が財政破綻した。

経済雑誌で「東の夕張、西の泉佐野」と財政状況の悪さを揶揄されていた夕張市だ。

夕張市は以前から巨額の財政赤字を抱えているにもかかわらず、不適切な会計処理を続けた。ついに、隠し続けることに耐え兼ね、自ら北海道庁に報告した。

北海道庁と総務省は夕張市の財政破綻を何年間も見抜けなかった。

それを契機に、平成19（2007）年6月、地方公共団体財政健全化法が成立し、公布された。財政再生基準と早期健全化基準が自治体財政の危険度を判定する新しい基準になった。財政再生基準はレッドカード（ライン）でこれを超えると財政再生団体になる。早期健全化基準はイエローカード（ライン）でこれを超えると早期健全化団体になる。実質赤字比率、連結実質赤字比率、実質公債費比率、将来負担比率の4指標がある。どれか一つでも引っかかるとアウトで平成20（2008）年度会計から適用される。

粉飾会計を続けた夕張市と粉飾していない泉佐野市が財政危機番付の東西の横綱だった。

新田谷市長は赤字再建団体に転落しないことを最大の目標にしてきたが、夕張市の破綻をきっかけに、より厳しいルールができた。新ルールが適用される初年度から泉佐野市は財政破綻の宣告を受けかねない状況だ。

新田谷市長は市長に就任してからの努力を評価するよう国に求めた。就任当初1632億円あった負債を毎年10億円減らした。平成18（2006）年度決算で黒字を達成し、翌年度から念願の教育施設の建て替えに取り組み始めた。

ところが、新基準のひとつ、連結実質赤字比率は平成18（2006）年度で28・5％（朝日新聞の試算）、平成19（2007）年度で39・3％だ。一方、財政再生基準は30％である。

新田谷市長は、泉佐野市がいきなりレッドラインを突破しないための経過措置を国に求めた。

2　平成20（2008）年度予算財務省原案

12月中旬に発表された政府予算案に連絡橋の国有化が盛り込まれた。

一．アジア・ゲートウェイ構想等の指摘を受け、関空連絡橋の通行料金を半額程度（普通車１５００円を８００円）に引き下げるため、連絡橋道路を有料道路ネットワークに組み入れる。
二．連絡橋道路部分の簿価７８０億円を高速道路会社と国交省道路局事業、国交省航空局事業で負担する。
三．今後、具体的な内容について検討を進め、所要の手続きを経たうえで、平成20（２００８）年度中に有料道路ネットワークに組み入れる予定である。

発表の直前、毎日新聞が「国、連絡橋買い取り……関空通行料下げ可能に」と報道した。関空会社は、以前から年間約8億円の固定資産税の支払いが不要になり、負債圧縮につながる連絡橋の売却を国交省に要望。売却に伴い、地元の泉佐野市には固定資産税が入らなくなるが、同省や府で何らかの補填策も検討するという記事もあった。

同じ頃、正式発表を待つだけの予算案を説明するために、漸く大阪府の空港戦略室長が泉佐野市に来た。

空港戦略室長は説明が遅れた理由を話した。

「本年5月のアジア・ゲートウェイ構想等において、『連絡橋の通行料金の引き下げをはじめとするアクセスの改善』の必要性が指摘され、国において様々な可能性について検討がなされていたことは聞いていたが、具体的に『連絡橋の買い取りによる通行料金の引き下げを検討している』と聞いたのは10月下旬で、最終的に具体化に至るかどうかは、政府予算案の決定まではわからないと言われていため、市への説明が直前になった」

アジア・ゲートウェイ構想は首相官邸が推進していた。大阪府の空港戦略室長は官邸の威光を盾に決定を伝えに来ただけだった。

馬鹿にするのもいい加減にしろ

泉佐野市は関空が開港した翌年度の平成7（1995）年度から関空連絡橋に固定資産税を課税している。関空会社という株式会社の事業用資産だからだ。

関空連絡橋は2階建て構造で、道路が上、鉄道が下を走っている。固定資産税は道路にも鉄道にもかかるが、道路と鉄道では計算方法が違った。鉄道部分は事業開始から5年間は3分の1に軽減すると法律で決まっていた。

連絡橋の通行料金に維持管理費が含まれ、維持管理費に固定資産税が含まれている。関空開港前に低めの料金設定を決定したかった関空会社は、道路の税金も鉄道と同じく3分の1にしてほしいと泉佐野市に相談した。

税を減免すると泉佐野市の税収は減る。減免で税収は減っても地方交付税は増えない。税収はバブル崩壊で計画を大きく下回ることが確実だった。泉佐野市は料金を低くしたいという理由で減免はできないと断った。

すると関空会社は減免を希望する理由をまとめた。第1に、関空連絡橋は関西国際空港の機能を果たすために必要不可欠な施設であり、空港と対岸の一般国道や阪神高速道路等を結ぶ重要なアクセス手段として、公共性の高い施設である。第2に、多くの人が空港を利用しやすいように関空橋の通行料金を抑えたいが、関空会社の経営は厳しい状況である。

関空会社も大変だったが、泉佐野市も大変で、課税当初の5年間は税額の2分の1を減免することで決着した。

私は当時、道路と鉄道が一体の連絡橋をどうやって道路部分と鉄道部分に分けるのか不思議だった。「鉄道部分を軽減する地方税法の適用を受けるために、関空会社は説明資料を作っていた」と税務の担当者が話してくれた。「道路と鉄道の両方が載っている海面近くの橋脚はどうなるのか」と聞くと「鉄道と道路、それぞれへの貢献度が計算できるらしい。それで按分する」そうだ。

当初5年間の減免は平成11（1999）年度までで、平成12（2000）年度から減免を継続するかどうかを決めるのは就任直後の新田谷市長だった。

新田谷は、市長に当選するや否や選挙公約の実現は当分不可能とわかった。少しでも収入を確保するために減免はやめようとした。そこへ大阪府や国交省などが減免継続を要求した。最終的に4分の1と減免を小さくして続けることを決断した。

5年後次の決断を迫られた。財政非常事態宣言を出し、赤字再建団体への転落を回避するために走り回る毎日だった。

今度は減免をしなかった。10年間で総額47億円を減免した。

それから2年後、国有化が発表された。

新田谷市長の怒りが収まらない。

「本来、市町村が固定資産税等を減免する理由は納税者の事業が順調に軌道に乗るまでの支援策であり、減免終了後の安定した税収を期待するからだ。それが、減免終了後に国有化して税収ゼロだ。馬鹿にするのもいい加減にしろ」

リベンジ

「また、泉佐野か」

「今度は何を言ってきたんだ」

国交省航空局職員の声が私に聞こえそうだった。

『真田太平記』のワンシーンがダブった。関ヶ原の戦いの後、真田父子が助命されると知り「またしても真田か」と徳川秀忠が呻く場面で、若き日の中村梅雀の顔が鮮明だ。

大阪南部の泉州沖に新空港を建設することは長い期間をかけて決定した。

いよいよ工事を始めるというときになって、新空港は民間方式で行うことになった。

昭和59（１９８４）年10月、関西国際空港株式会社が設立された。世の中は、未だバブルを知らなかった。

空港建設は海の埋め立てを含めて関空会社という民間会社が借金をして行い、空港周辺の地域整備は自治体が地方債を財源に行う。関空会社は将来の収入で借金を返済することとされ、自治体は関空会社や空港などから入る税収で借金返済することとされた。

こうして泉佐野市は、莫大な公共事業を始める前の計画段階からずっと莫大な借金を返済するだけの税収が本当に入ってくるのかという不安に付き纏われ、常に財政破綻と背中合わせの自治体運営をしなければならなくなった。


税収を確保するために関西空港の税金、とりわけ固定資産税では前例のないこと、驚くべきことが続いた。

最初は関空の埋め立て工事が始まった頃で、私は課税課で働いていた。

私の席の横を課長代理と係長が通り過ぎた。

「今日は結構な数だったな」

「そうですね。これからが楽しみです」

私は何があったのか尋ねた。

双眼鏡を手にした係長が答えた。

「屋上で船を数えていたんや」

私は市役所の屋上から見える海を意識したことがなかった。

「それも仕事ですか」

と私は思わず突っ込んだ。

2人は埋め立て工事の現場を眺め、巨大作業船が泉佐野市沖にどれだけ停泊しているのか数えてきた。これらの船舶は工事を請け負った会社の事業用資産で固定資産税の対象だ。工事会社は船舶を停泊させて作業をした日数を停泊した自治体に申告しなければならない。課長代理と係長は屋上から双眼鏡で船の数を数えて、工事会社の申告書をチェックする資料を作っていた。新造船なら1隻年間1千万円の税額になるらしく、停泊した市町村で停泊日数に応じて按分する。

バードウォッチングのように双眼鏡を覗いて数える光景が頭に浮かび、思わず「双眼鏡で見ながら、1千万、2千万、3千万って指を折るんですか」と聞くと、係長は「そやで」と笑った。

工事会社にとっては初めてのことだったらしい。

それまでの海を埋め立てる工事では作業船の課税はできなかったと新聞に載っていた。海岸部の埋め立て地は、将来は陸地となるが、現在は海のままで、工事完了前に市町村で境界の合意が成立しなかったからだ。境界線を引く出発点は海岸線と自治体境界線の交差する地点だが、そこから線を引く方向で揉める。周囲の陸上境界線と海岸線は複雑で、互いに少しでも有利な線引きをしようと相手の方向に向かって線引きを主張する。さらに湾を埋め立てると当事者が増える場合がある。泉北工業地帯では大阪湾対岸の兵庫県あたりの自治体までもが「わが都市《まち》の沖合の埋め立てだ」と主張したらしい。そうやって揉めている間に課税できる時間が過ぎ、いわゆる時効になってしまう。

関空建設の出発点は伊丹空港の騒音問題だ。

どこの自治体も来てほしくなかった空港を泉州地域が受け入れた。関空の所在地に名乗りを上げる自治体は泉佐野市、泉南市、田尻町の2市1町以外になかった。

埋め立て工事の会社は初めて申告指導を受けた。

係長が話していた。

「上から『課税漏れを見逃すな』と言われている」


次は関空開港前の平成5（1993）年。関空連絡橋の道路部分が固定資産税の課税対象になった。

関空会社の償却資産というのが、課税の理由だった。

固定資産税の非課税には二つの大きな基準があった。一つは「人的非課税」で所有者に着目して判断する。国や地方公共団体で、関空会社は民間会社なので対象外だ。もう一つは「用途非課税」で固定資産の使われ方で判断する。「公道」が代表例だ。

道路は公道と私道に分かれる。公道、公衆用道路、公の道と表現方法は多い。連絡橋の道路部分が公衆用道路ではなく、私道と認定することで決着したと知り、私は強引だと思った。泉佐野市側の道路から関空橋を通り空港島側の道路に入る、道路の途中にある長い橋としか思えない。

泉佐野市の判断は違った。

「関空橋は空港を利用する特定の人だけが利用する施設である。一方、公衆用道路は不特定多数の人が利用する施設である。関空橋は不特定多数ではなく特定の人が利用しているから、公衆用道路ではなく私道だ」

止むに止まれぬ事情が泉佐野市にあった。

税収予測を下方修正をしたのだ。今後7年間の税収予測は、2年前の予測より90億円少なかった。

連絡橋の課税は是が非でも実現しなければならなくなった。

当時の自治省が泉佐野市の判断を追認した。

連絡橋を課税するために考えだした方便が泉佐野市の『課税理論』になった。用途、すなわち使い方が変わらない限り、未来永劫、連絡橋は「私道」になった。

私はこの判断が将来どこかで不具合に繋がる気がしてならなかった。


関空会社は「連絡橋道路部分は課税」という判断に不満だった。それ故、税制改正による非課税を要望した。

泉佐野市長は憤った。

「事前に何の説明もなく、地元と共存共栄する空港づくりの理念に反し全く心外だ。内容も地元に対する一方的なしわ寄せで、誠に遺憾だ。当市は現行地方税法上の規定に基づき、市の税収を見込み、財政アセスに組み込んでいる。国際空港の玄関都市としての責任を果たすべく都市基盤整備を急ピッチで進めている事業費の借金返済の貴重な財源のひとつとして、連絡橋も地方税法上の税収として見込んでいる折、今回の非課税の改正要望は、断固反対で承知できない」

関空会社は開港前から地元自治体と対立したくなかったのですぐに要望を撤回した。

国交省と関空会社は連絡橋の固定資産税を巡る争いで泉佐野市に敗北し続けた。連絡橋は非課税と判断されず、非課税にする税制改正は要望すらできなかった。最後に関空会社は、連絡橋に対する固定資産税の減免を要望し泉佐野市に認めてもらった。私は国が連絡橋を買い取ると聞いたとき、国交省が非課税を主張していたことを思い出した。脳裏に「リベンジ」の言葉が浮かんだ。

夢のりんくうタウン

泉佐野市の陳情に航空局長は不満だった。

連絡橋通行料金の引き下げは地元の要望だった。

さらに泉佐野市の誘致に応えて航空保安大学校のりんくうタウン移転も進めてきた。

それにもかかわらず、陳情された。

元々りんくうタウンは、泉佐野市の沖合5キロメートルに造成する空港の支援施設や補完施設、地域振興のために大阪府が造成を計画した。

経済はバブルだと浮かれだしたとき、造成工事は既に始まっていた。りんくうタウンのまちづくり計画は、当初の目的を忘れたように変貌した。

ゲートタワービルはその象徴だ。

バブルに煽られ高層のツインタワー計画ができた。そして、バブルが崩壊した後に1棟だけが建設された。

竣工した1棟もオープン当初から経営は難航し、数年後に経営は破綻した。

空港連絡道路の大阪側に聳えるタワーを見ると「もう1棟できるはずだった」という言葉が出そうになる。

そのひと言で和歌山側に幻のタワーを感じる。

聳えるタワーはバブルの象徴で、想像のタワーは泡《バブル》だ。

りんくうタウンからの税収は、空港本島からの税収と共に、泉佐野市の浮沈を左右する大事だった。

バブル景気の前に立てた当初の予測どおりに税収があれば、財政危機も少しはましだったろう。そして実際に入ってきた税収はバブル前の当初計画を大きく下回った。

長年、りんくうタウンに広大な空き地が残り、そこから生み出されるのは税収ではなく雑草だった。

泉佐野市はこの空き地を減らすために航空保安大学校の誘致に取り組んだ。

それが平成20（2008）年4月に開校する。

航空管制官等を養成する日本で唯一の機関で伊丹空港との誘致合戦があった。

航空保安大学校は元々羽田空港にあった。それが施設の老朽化と羽田空港の拡張に伴い伊丹空港周辺に移転することになっていた。

しかし諸事情で延び延びになっていたところを大阪府企業局と泉佐野市がりんくうタウン誘致に向けて動いた。国交省はよりいいところが見つかったと、伊丹空港への移転が決定していたものをりんくうタウンに乗り換えた。

これで収まらないのは伊丹空港周辺の自治体だ。陳情活動を展開した。結局、移転先はいったん白紙になり、「航空保安大学校移転検討委員会」を設置してヒアリングを行った。

新田谷市長はヒアリングでりんくうタウンの良さを熱弁した。

「昔は玉ねぎとタオルの街でしたが、関西国際空港が誘致され、俄に国際都市を視野に入れたまちづくりを行っています。関西国際空港は騒音環境を考慮して5キロメートル沖に空港機能を絞って埋め立てて整備された空港であり、りんくうタウンはそれを補完して支援するために大阪府が造成しました。交通アクセスが完結しており、鉄道もＪＲと南海が共に同じホームに乗り入れています。南海電車『ラピート』は大阪市内の次には泉佐野市にしか停車しないためアクセスが優れています。りんくうタウンにはグラウンドもあり、もし大学の方で用地が必要であればお使いいただけるよう配慮します。

また、大阪府立大学生命環境科学部の大学院の誘致を目指しております。ともに若い人たちが集まっていただくことにより、活気を取り戻していただけると思っております」

さらに、将来の外国人研修生の受け入れにも万全で防災対応もできている、商業施設もある、治安は問題ないとアピールした。

ヒアリングの結果、移転先はりんくうタウンに決定した。

伊丹空港周辺の自治体は泉佐野市に横取りされたと思っている。

航空保安大学校の移転先を決定した際の苦労をちらつかせ、まだ物足りないのかと言いたげな航空局長だった。

『真田太平記』の徳川家康を彷彿させる。

上田城に攻め寄せた徳川軍を退けた真田昌幸は、豊臣秀吉の斡旋で徳川と和睦した。和睦の証しとして家康に謁見した昌幸は、秀吉へのとりなしを願い出る。わしに会うただけでは不満かと言って家康は昌幸の申し出に不快感を示す。信州の山奥の真田などどうということはないという顔つきだ。航空局長に、家康演じる中村梅之助の顔が重なる。

3

減免取り消し

国交省に陳情したら総務省に、総務省に陳情したら大阪府に相談しろと言われた。

陳情から帰った新田谷市長は国交省への働きかけを大阪府にお願いした。依頼したことは二つだ。

一つは、連絡橋が西日本高速道路株式会社に移管された後も固定資産税の課税対象にすること。もう一つは国交省が総務省に泉佐野市の支援を要請することだ。

どの高速道路にも固定資産税がかかっていない。そんな状況で連絡橋を固定資産税の課税対象にしてほしいという新田谷市長の要望がすんなり通るとは思えない。

新田谷市長はこれまで何度も泉佐野市財政の窮状を国の官僚に訴えてきたが、返ってきたのは「泉佐野市の判断で事業を行ったのでしょう。失敗したから何とかしてくれと言うのはいかがなものか」と自業自得だと言わんばかりの対応だった。

今回も自治体固有の財源である固定資産税を奪わないでほしいと要望しているのに、連絡橋の国有化に便乗して財政支援を要望してきたと思われている、と新田谷市長は陳情の感触を感じていた。

要望したが返事はすぐにこないだろう、どんなに早くても数か月も先だろう。

回答を待ちながら時間が過ぎる。

後々、期待外れの回答を受け取っても後の祭りだ。何もしないで死を待っていたようなものだ。

国が支援策を考えてくれるまで大人しく待ち続けるつもりはないことを態度で示すために、新田谷市長は対抗策を検討させた。いくつかの策が出てきた。

一つは空港島の固定資産税を高くする超過課税だ。

二つ目は2期島のみなし課税だ。泉佐野市は平成11（1999）年に関空2期島の埋め立てに同意した。それが平成19（2007）年に滑走路が竣功しただけで、2期島のほとんどは工事中とされた。2期島全体の税収を期待していた泉佐野市は当てが外れた。2期島は工事がほとんど終わっていて、固定資産税を課税されないために完成が先送りされた。それに課税する策だ。

三つ目は連絡橋とか空港を課税対象にする新しい税金だ。

国有化で減少する固定資産税を穴埋めできるなら、新田谷市長はどんな方法でもよかった。しかし、どれも前例はほとんどなかったし、実現には大きな課題があった。

年度が代わり、平成20（２００８）年度になった。これからはいつ国有化されてもおかしくない。新しい財政健全化法が今年度から適用される。

1月末の陳情から2か月以上が過ぎたが、何の連絡もない。じりじりと時間が過ぎてゆく。新田谷市長は国に頼るしかなかった。縋るしかなかった。国に支援策を考えさせるために動いた。

5月中旬、新田谷市長は関空会社に対して行った過去の減免を取り消すと表明した。固定資産税は5年経つと税額を変更できない。5月31日が期間計算の基準日で、平成15（２００３）年度分（平成15年5月31日）と平成16（２００４）年度分（平成16年5月31日）は5年過ぎていない。今ならまだ減免分を請求できると考えた。

取り消す額は合計5億円で減少する税金の1年分もなかった。

泉佐野市は追加納税を求める通知を行い、関空会社は猛反発して異議申し立てを行った。新聞は裁判になれば泉佐野市が負けるだろうと書いた。

「入島税」構想

6月6日、小林副市長が泉佐野市の状況を説明するために上京した。

あちこちから入ってくる情報を分析すると泉佐野市の思いは誤解されているようだった。財政危機の泉佐野市が地方交付税の不交付団体になるはずがないと国は思っている。それ故、国有化による減収分は交付税で補填され、泉佐野市が求める8億円の支援は二重取りになる。

小林副市長は誤解を解くための資料を持っていた。

連絡橋の税収があれば平成21（２００９）年度は不交付団体になる資料と、連絡橋の税収があっても泉佐野市は第2の夕張になるほど財政状況が厳しいことを示す資料だ。

資料に記載した普通交付税は平成20（２００８）年度の3億円から翌年度はゼロだった。税収は２０4億円から２０6億円と僅かに増加し、歳出が減少した。

りんくうタウンの企業進出が進むことが税収増加の理由だった。ただし、正式決定していないので企業名は伏せることにしていた。

一方、市全体の赤字を示す連結実質赤字比率は39・3％で、財政健全化法の倒産基準である財政再生基準30％を超えていた。

小林副市長は国交省で関西国際空港・中部国際空港監理官（関空監理官）と会った。関西空港や連絡橋国有化についての国交省航空局の担当者だ。

関空監理官は地元から要望の強かった連絡橋の国有化を行ったにもかかわらず泉佐野市長に反対されて困惑していた。泉佐野市の税収が減少することを何とかしてほしいと陳情されても国交省には有効な手立てがないことを理解してほしかった。

続けて関空監理官は何もしないわけではなく、何ができるか検討している、りんくうタウンの賑わいづくりで市の税収増に繋げることを一緒に考えたい。総務省の支援も要請していると話した。

次に総務省に行き、自治財政局の面々と会った。国営事業に併せて多額の支出をした団体は過去にたくさんある。総務省は泉佐野市だけを救済できない。

泉佐野市の支援を考えるのは事業を行った国交省だ。国交省から泉佐野市を支援してほしいとの要請はないと付け加えた。

国交省は総務省に泉佐野市の支援を要請したと言ったが、総務省は要請がないと言う。

泉佐野市を支援する気は全くなかった。1月に陳情したときから事態は進んでいなかった。

6月16日、新田谷市長は市議会で法定外税の検討を表明した。関西空港の利用者は泉佐野市が進めた都市基盤整備の受益を受ける。だから、地方税法に基づく法定外税を導入する。自動車で連絡橋を通行して空港を利用する行為が対象だ。

市の方針に議員の多くが度肝を抜かれた。

「国の持ち物に対して通行税を本当に取れるのでしょうか」「びっくり仰天」「法的におかしい」「不特定多数の人に8億円の減収分を求めるというのは筋違い」「昔の関所みたいでどこにいっても通用しない」

新聞は大きく報道し、法定外税バトルと記事にした。

「関空連絡橋　国有化で固定資産税8億円フイ　泉佐野市が通行税検討」「泉佐野市の関空連絡橋『通行税構想』　議会特別委反発の声相次ぐ」（産経）

「関空入島税で検討委　泉佐野市方針　議会実現性に疑問」(読売)
「関空連絡橋国有化　減免取り消し・通行税構想　泉佐野、国に揺さぶり」(朝日)

ある日、私はいつもどおり6時過ぎに帰宅した。

リビングに寝転がった私の肘に飼い猫のココが頭を擦りつけてきたので、傍らの猫じゃらしで遊んでやる。ココの動きが止まった拍子にため息が出た。

「最近新聞に泉佐野市のことが載っていたけど、知ちゃんも大変と違うの」

義母が来ていた。ため息が聞こえたのかカウンターキッチンの向こうから話しかけられた。

最近、減免の取り消しや法定外税のことが新聞を賑わしている。私が今も税務課にいると思い心配してくれたようだ。

ココをじゃらしながら、義母に言った。

「昔の減免を取り消すとか連絡橋に税金をかけるとかすごいことになっているでしょ」

義母は驚くばかりだった。

「そうや、税金がなくなるから新しい税金をかけるって、今までやったら考えられないことやわ」

義母の言うとおりだ。

「そうやねん。今は税務課じゃないから詳しい経過は知らないけど、税金を喧嘩の道具にするのはあかんわ。役所に文句あるから税金は払わんと言う人がたまにいるけど、そういうのとあまり変わらん気がするわ。担当じゃないから気楽なこと言うてるけど」

「知ちゃん大変やなって思てたけど。違うのん」

義母に言われて気が付いた。普通はあり得ないことが起こっていることに。

税金は国民の義務で納めるべきもの、決まっているものだ。泉佐野市が税金の不払いをするわけではないが、税金を喧嘩の道具にしている点では、行政不満を言って税金を滞納する人と大差ない。行政がやってはならないと思った。


法定税の検討を表明した新田谷市長は各方面から嗤われた。窮地を脱するすごい方法を考えたという驚きは一切なく、馬鹿にされている嗤いだ。

彼はどんなに嗤われても構わなかった。国から支援を引き出すためには手段を選ばない覚悟で、4月からスケジュールを練ってきた。5月に減免を取り消し、7月に臨時議会で法定外税条例を制定してもらう案だった。

つまらないミスで失敗しないよう、6月初めに昼馬税務課長を総務省へ行かせた。

昼馬課長は自治税務局の税務企画官に会い、関空が開港してから現在までの泉佐野市の状況を説明し、法定外税の取り組みについて意見を求めた。

公債費の急増を乗り越えられなければ泉佐野市は財政破綻する。そのためには税収を増やして不交付団体になる、そのうえさらに8億円の補填が必要と説明した。

税務企画官はこれまで聞いたことがない説明を深く聞きたかった。しかし詳しく聞いているほどの時間はなかったので相談の本題である法定外税の説明をした。

「これまでに、法定外税の協議があって公式に同意されなかったケースはありません。ただし、十分な検討がされていないような場合、特に納税する側の理解が得られていないことで、今後トラブルが想定されるような場合は、関係者との話し合いを含めてもっとよく検討するように指導します。

法定外税の課税が税法で認められているからといって、税の公平の原則は変わりません。何故連絡橋の通行に対して税を払わなければならないのか、課税するにはそれ相当の理由と納税者の理解が必要です。

東京都豊島区が放置自転車対策推進税をJRに課税しようとしたケースでは、協議書が提出されてから9か月後に同意になりましたが、同意書には協議・検討を尽くすよう意見が付きました。豊島区ではJRが強く反発し、結局実施されませんでした。

横浜市が場外馬券売場に対して課税しようとしたケースでは、農林水産省との話がつかずに取り下げられました。

総務省の同意が得られたから、法的に認められたということにはなりません。実際に法定外税を課税したことで訴訟となり、課税した団体が敗訴し徴収した税を還付することになったケースもあります。そのリスクは課税団体が負うことになります。

法定外税を導入するときの検討は、外部の者を含めて、なるべくオープンな議論が必要です。租税の専門家を含めて学者2人以上、地域の経済に精通する者、市民の代表、議会の代表、納税する側の者、例えば空港で営業する運送業者の代表、特別徴収義務者である高速道路会社などをメンバーに入れた検討委員会で行うことが望ましいです。

納税者のほとんどが市民でないことからも、何故法定外税を課税する必要があるのか、連絡橋・空港島内には泉佐野市の事業は行われていないので自動車の通行により泉佐野市からどういった応益を受けているのか、自動車だけで電車や船の利用者に課税しないのはどうしてか、といったような点について十分な理解を得ておかなければなりません。

沖縄県伊是名《いぜな》村の場合、旅客船・飛行機等により島に入る回数1回につき100円の環境協力税、いわゆる入域税を課税するに当たって、島の住民や旅客船の運行会社などと話し合い、島の住民も1回ごとに100円支払うことに同意しました」

税務企画官は非公式な話として率直に言うと、と前置きして話を続けた。

「10月か11月の国有化による通行料金の引き下げ時期に合わせて課税を開始しようという考えはよくわかりますが、それは性急すぎます。たとえ国有化の時期に間に合わなくても十分な議論を尽くす方が先決です。

仮に条例を作って正式協議に来られたとしても、総務省としてはもっと関係者との話し合いをして理解を得た後でなければ同意はできないと言わざるを得ません。

地方財政審議会は、協議書が提出されると随時開催します。同意までの期間は、基本的に協議書の提出から3か月とされていますが、必ずしも3か月以内に同意が出るとは限りません。特に問題点がないような場合はもっと早く同意されるし、逆にトラブルが懸念されるような場合は長期間かかることになります」

昼馬課長は税務企画官の話を新田谷市長に報告した。

「それであんたの結論は何やねん」

新田谷市長は昼馬課長に促した。

「7月臨時議会で条例化し正式に協議を行ったとしても、国有化の時期までに同意が出るとは考えにくいです。

また、国有化の時期や国有化後の事業主体などの詳細な情報もないので、急いで委員会を立ち上げても検討にならないと思います。

西日本高速道路会社が最も強く反発するでしょうから、もう少し国有化の詳細がわかってから、高速道路会社や関空会社、運送会社、タクシー会社、レンタカー会社などから委員を選任し、検討委員会を立ち上げるしかないと考えます」

新田谷市長の考えは違った。

法定外税の検討は国から支援を引き出すために行う。

国に支援を考えさせられるには嫌がることをしなければならない。最も嫌がることが最も効果的だ。

「国有化された後やったら、連絡橋の利用者は反対し、国は勝手にやれと言うやろ」

国はできるだけ早く料金の引き上げをしようとしているとの情報があったので法定外税の検討に時間はかけられなかった。

新田谷市長は直ちに検討委員会を設置するよう指示した。

4

スケジュールは後ろにずれ、8月に臨時議会を開いて法定外税条例を制定することになった。

それに向けて委員を人選し、検討委員会を開催する。委員は10人で、割り振りは地域経済の精通者、市民代表、市議会代表各1人、納税者代表3人、学識経験者4人。

地域経済の精通者、市民代表、市議会代表は人選できる。納税者代表は断られたら空席にするしかない。

問題は学識経験者の4人だ。空席はあり得ないが、引き受けてくれる人は見つかるだろうか。

委員を引き受ければ依頼者の意向に配慮しなければならないだろう。それが学者としての矜持を傷つけることになりはしないか。

国との揉め事だ。しかも法定外税の検討と言いつつ、国から支援を引き出すのが目的だ。税が喧嘩の道具になっている。それは学者としての許容範囲か。

一方、物は考えようで、泉佐野市が直面していることは現実だ。現実の課題に取り組むことは学者冥利に尽きるはずだ。

どのようにして依頼したのか不明だったが、租税の専門家は同志社大学法学部の田中治教授と立命館大学法科大学院教授の水野武夫弁護士になった。

また以前から市の行財政改革に参画していた大阪府立大学経済学部の山下和久教授と森田將公認会計士の同意を得た。納税者代表は空席になった。

法定外税の検討

7月1日に第1回委員会を開催した。

泉佐野市が望むような検討は行われるのだろうか、新聞記者だけでなく検討を依頼した泉佐野市の担当者も緊張した。

「『職員や市民の皆さん』じゃなしに『市民や職員の皆さん』、順番間違っている、語順、気を付けた方がいい」

議会代表の委員である千代松市議会議長が発言した。会議のテーマと比べると小さな誤りを指摘したように見えたが、会議の雰囲気が変わった。

水野委員は語気を強めて言った。

「今の議長さんの発言に観念して申し上げます。ここにいる委員の皆さんは、泉佐野市にお墨付きを与えるために集まったのではない」

堰を切ったように続いた。

「新しい税はない方がいいに決まっている」

「『初めに税ありき』ではなく、妥当性を検討すべきだ」

「導入するかしないかフィフティー・フィフティーではない。出発点はゼロ、導入してはいけない、です」

「8億円の税収がなくなるということは、倒産した大企業とどこが違うのか」

職員の顔がこわばった。

(委員の人選を間違えていないか)

(無理もない)

という思いが顔に出ている。


国から支援を引き出すために法定外税を検討してほしいということや1か月で報告をまとめてほしいという市の意向は、委員就任を依頼した際に伝えていた。

会議のスタートは平穏だった。

税法が専門の田中教授を委員長に選出して委員会は始まった。

冒頭、委員長が表明した。

1番目に税ありきの委員会ではない。

2番目にいろいろな解決策を検討する。

3番目に依頼された法定外税を検討する。

ところが、千代松市議会議長の発言で会議の雰囲気が一変した。

後に「空港連絡橋利用税」という名称に落ち着くが、検討を始めた当初の泉佐野市の提案は「空港関連地域整備税」だった。

新聞は「通行税」とか「入島税」と書いた。

「国有化に伴う減収分を泉佐野市民が負担するのは無理。通行税が手っ取り早い」

「泉佐野市の視点だけではなく、他の地域の自治体や市民などの視点も取り入れるべきだ」

「意見がまとまらない場合は両論併記」

「課税ありきではない。他の方法も考えるべき」

「市民以外が徴収に納得できるか疑問」

「課税よりも減収分の補填策を国から引き出すべき」

予定の時間が過ぎて田中委員長が第2回委員会の進め方を提案した。

第1に泉佐野が今に至った原因を整理する。第2に税以外のあらゆる方策を検討する。第3に新税を検討する。


2回目と3回目の委員会を7月に開いた。

市が関空建設の経過、陳情の経過、他の方策を説明し、1番見込みがあるのは法定外税とした。

このときの泉佐野市は、自動車1台当たり200円を課税する案を出していた。

「連絡橋利用者の理解を得るために、税額200円の算出過程を示すべきだ」

「減収の補填だけでなく、空港に関連して市が投入した税金全てを対象にして一から考えるべきだ」

「何に課税し、税の使用目的がわかる名前にすべきだ」

議論が百出し「永遠に取り続けるつもりか」の質問に新田谷市長が「国有化で失う税収の半分か向こう10年間の税収は補填してほしい」と答えた。

法定外税に的を絞ったことも議論になった。

法定外税の導入を目指すよりも既に法律で決められている税（法定税）を正しく適用する方がいいやり方だと指摘された。

法定税は何に対して、いつ、どのような場合に課税するかの課税要件が法律できちっと書いてあるからだ。

法律を正しく適用するべきだとして、二つの指摘があった。

一つは、国が所有しているために固定資産税が課税されない場合は交付金の対象になることを定めた法律、国有資産等所在市町村交付金（市町村交付金）法である。

連絡橋は国有化されたら市町村交付金の対象外だと市の担当者は、説明したが、学識経験者の委員は納得しなかった。

連絡橋は固定資産税の課税対象と総務省は判断したのだから、国有化されたら市町村交付金の対象になるべきだ。

もう一つは、高速道路は政策上の理由から期間を区切って非課税になっている。だから、法律の原則は課税だ。

原則の実現を要望する方が理論的な整合性があると指摘された。

8億円が確保できるなら新田谷市長はどんな方法でもよかったが、市の担当者は困った。かつて、「連絡橋は私道」と強弁して課税した。それから15年も経った今回、市町村交付金の対象にしろと要求するのは他の道路とのバランスがあまりにも悪いとの思いがあった。

第4回会議を経て報告書ができた。

結論は「連絡橋国有化に伴う固定資産税の減収の範囲内であれば、法定外税の課税はやむを得ない。ただし、第一義的には、原因者である国に対して、連絡橋国有化による固定資産税減収分の補填を求めるべき」で、「当委員会は、本来は、たとえ連絡橋の所有形態が変わるとしても、有料道路としての現状に何ら変更がないことから、引き続き固定資産税の課税あるいは市町村交付金の交付が望ましい」と市長に報告した。

「60億円を補填してくれれば、いつでも取り下げる」と新田谷市長は訴えた。

1か月の検討委員会で、国から支援を引き出すため検討はできたが、新税の検討がどれだけできたのかわからない。『やむを得ない』という聞いたことのない表現があった。

それでも8月19日、臨時市議会が開かれ空港連絡橋利用税条例が成立した。連絡橋の通行料金と一緒に1台150円を5年間徴収するもので、泉佐野市は総務省に協議書を提出した。

国、関空会社、近隣の市長、大阪府の幹部や多くの市民が泉佐野市を批判した。

大阪府の橋下知事だけは違った。

「財源を一方的に奪われるのは許しがたいとの気持ちは理解できる」

「府と市町村は行政として一緒。僕だったら市町村の財源が奪われる形を大喜びすることはあり得ない」と前知事の政策を批判した。

鹿児島へ出張していた新田谷市長は市役所からの連絡を受けて橋下知事に電話した。

「私は新田谷市長を支持しますよ。頑張ってください。もし、訴訟になったら私は弁護できませんが、橋下事務所で弁護させてもらいますよ」

新田谷市長は感激した。


第1次上田城攻め。

徳川の大軍を相手に真田父子は決死の闘いを決意した。これまで歯向かってきた越後の上杉景勝に静観してほしいと頼み込んだ。

味方はいない。

徳川の大軍を相手に一族の討ち死にを覚悟した。

徳川が城に迫ったとき、上杉が援軍を出す知らせが届いた。

真田昌幸は立ち上がって叫んだ。

「我らに後ろ盾ができたぞ」

私は昌幸を演じる丹波哲郎の姿を思い出した。

昌幸は景勝の恩を生涯忘れまいと思った。

橋下知事と上杉景勝が、新田谷市長と真田昌幸が私には重なった。

総務大臣協議の行方

協議書を送付して数日、総務省から質問が届いた。

「連絡橋通行料金の引き下げ実験の結果から、物の流通に関して重大な障害とはならないとしている根拠は何か」

「国の経済施策の観点から、連絡橋の通行に課税することをどう考えているか」

「不断の行財政改革と財政健全化に努めてきたとあるが、市の財政状況について説明をお願いしたい」

などだ。

昼馬課長は回答を送った。

総務省は法定外税の協議を受けると、地方財政審議会で検討する。標準処理期間は3か月だ。過去にもっと早く同意が出た事例がある一方で、9か月かかった事例もあった。

利用税の協議はどれだけかかるのか。総務大臣が同意しない初の事例になるのか、予想がつかなかった。

私が税務課に2度目の配属となった平成11（1999）年度から平成14（2002）年度は自治体の課税自主権が拡大し、ちょっとした法定外税ブームだった。勝馬投票券発売税条例では横浜市と農林水産省が対立し、太宰府天満宮周辺の駐車場に課税しようとした太宰府市は駐車場経営者と対立した。

総務大臣が同意する基準は地方税法671条に書かれている。

「次に掲げる事由のいずれかがあると認める場合を除き、これに同意しなければならない」

第1に、国税又は他の地方税と課税標準を同じくし、かつ、住民の負担が著しく過重となること。

第2に、地方団体間における物の流通に重大な障害を与えること。

第3に、前2号に掲げるものを除くほか、国の経済施策に照らして適当でないこと、である。

道路や橋の税金はない、税額150円が過重かどうかは議論になるだろうが、1番目の基準はほぼクリアできるだろう。

連絡橋は泉佐野市内にあるから2番目もクリアできる。ずるい気はするが、条文には引っかからない。

問題は3番目だ。どれほど些細な事柄でも国の経済施策と無縁でない。それ故「国の経済施策に照らして適当でない」とは国の経済施策に重大な影響を与える場合を指している。

当時の私は、国の支援があれば泉佐野市は利用税の検討を始めることはしなかったと思っていたが、まさか国の支援を引き出すためだけに利用税の検討を言い出したとは知らなかった。さらに外部の有識者に検討を依頼した場合に受け取る報告書は、「適切である」、または「適切でない」など方向性のはっきりした結論が普通示される。しかし、利用税の課税は「やむを得ない」というすっきりしない結論だ。私はこのような経過をほとんど知らず、自治体が税を喧嘩の道具、または取引材料にしてはならないとだけ思っていた。

それでも連絡橋の通行料金が１５００円から８００円に引き下げられるときに、１５０円を上乗せする利用税が国の経済施策に「重大」な影響を与えると言い切るのは大変と思っていた。

総務大臣がどんな判断をするのか予想がつかなかった。私は多忙を極める昼馬課長に今後の見込みを興味半分で尋ねに行った。

「総務大臣も判断に困るでしょうね。こんな条例をよく作りましたねえ」

「大変やったんや」

「高速道路会社がよく了解しましたねえ」

「西日本高速道路株式会社、ＮＥＸＣＯて言うねんけど、まだ連絡橋の移管を受けていないから話はできてないねん」

「特別徴収義務者と協議していないんですか。そんな条例で大丈夫なんですか」

「今は協議できないけど大臣の同意が出たらＮＥＸＣＯは無視できないと思うよ」

条例を作ってから協議をするのではなく、協議をしてから条例を作るべきだ。順序が逆だ。

どうして簡単に条例ができたのか、私は合点がいった。

当事者や関係者と協議しない利用税は適切な手続きを踏まえているのかどうか私は疑問だった。

総務大臣がどう対応するのか予想がつかなかった。

戦後、自民党政府は消費税の導入を何度か試みた。インボイス方式を提案したときは小事業主の反対で廃案になったはずだ。反対理由は税の仕組み、実際の手続きが煩雑過ぎることだった。

新田谷市長は検討委員会が開かれている最中も、その後も上京して陳情を続けた。検討委員会の報告を受け取ってからは、報告書に沿って支援を求めた。連絡橋は国有化された後も有料道路という現状に何も変更がないことから、引き続き固定資産税の課税あるいは市町村交付金の交付がなされるべきだという要望だ。

固定資産税や交付金の担当省庁は総務省で、有料道路の担当省庁は国交省道路局だ。一方、連絡橋国有化の担当省庁は国交省航空局で、新田谷市長の陳情先も主に航空局だった。

航空局は、連絡橋の国有化を引き受けてくれた道路局に対して、さらに高速道路の課税を認めてくれとか市町村交付金の対象にしてくれとは言えない。

一方、市町村交付金の担当省庁である総務省に対しては、15年前に連絡橋の課税を追認したから今になって市町村交付金の要求が出てきたんだと抗議したいが、連絡橋の国有化は航空局の事業で総務省を巻き込むなと返されるのが落ちだ。

万が一、総務省が市町村交付金を認めることになれば、全国の自治体が泉佐野市の真似をしかねない。航空局は道路局と一緒になって反対しなければならない。

だから、航空局は高速道路課税にも市町村交付金にも取り組む気はない。

新田谷市長が陳情している間、小林副市長は航空局の関空監理官と協議を続けた。

小林副市長が「国の支援を受けられず、利用税を実現できなかったら泉佐野市は立ち行かなくなります」というのに対して、関空監理官は「直接支援する手立てがありません」「関空周辺の発展を一緒に考えて行きましょう」と繰り返すばかりだった。

時間は過ぎていった。

総務省内の協議や検討はどこまで進んでいるのか、泉佐野市側の誰もわからなかった。

小林副市長は利用税の協議相手である自治税務局の担当者に対しても「利用税は国の支援を引き出すためです」と伝えたが、「税の協議だから法律に基づいて判断する」との返答しか返ってこなかった。

利用税を協議する標準処理期間は3か月。総務省は8月25日付で協議書を受理したので、11月25日が目安だった。

泉佐野市の面々は、不同意になるかもしれないとの不安が募っていった。

5

総務省は所管する地方財政審議会に利用税の意見を求めた。地方財政審議会がどのような検討を行ったのかは明らかでないが、11月19日の議事要旨が公開されている。

「泉佐野市から、財政支援等について国土交通省と話し合いを続けたいので、総務大臣の判断をしばらく待つよう要請があった旨の報告を受けた」

11月25日の6日前、報告したのは税務企画官だった。総務省との協議が中断した。国交省との協議が大きく前進した結果だと私は思った。

※

私は平成22（2010）年に税務課長になってから総務省とどのような協議を行ったのかを調べた。しかし、誰一人として11月19日の地方財政審議会の議事要旨に「総務大臣の判断をしばらく待つよう要請」とあることを知らなかった。泉佐野市が要請した文書もなかった。

その後、私は再び利用税の導入に取り組むことになった。

運良くという表現が当たっているのか、それとも奇跡という表現が当たっているのかわからないが、私が担当している間に利用税は実現した。

年月が過ぎ、私は定年退職して物語を書いている。忘れていた疑問が浮かんできた。

私は小林元副市長に尋ねた。

「平成20（2008）年11月19日の地方財政審議会のことを泉佐野市の誰も知りません。教えてください」

「総務省との連絡も私がやっていました」

「支援の話が進んだのですか」

「いいえ、この時にはまだありませんでした」

新田谷市長は連絡橋の国有化が発表されてから、国に陳情する一方で、関空島の税金を高くすると発言し、過去の減免を取り消した。そして今は利用税条例を制定して総務大臣と協議を行っている。

国交省は航空局も道路局も新田谷市長のやり方を批判した。

加えて道路局は、泉佐野市と総務省が高速道路の課税について協議することが不快だった。自らの領分である高速道路に自治体が課税しようとし、それを総務大臣が判断しようとしている。

小林元副市長が言った。「航空局は道路局から『総務大臣の判断を出させるな』と強く言われていたようです」

総務大臣の判断が不同意なら打つ手がなくなってしまう泉佐野市。総務大臣が判断すること自体が道路局に迷惑をかけてしまう航空局。

泉佐野市と航空局は、総務大臣が判断をしないでほしいということでは一致した。

航空局の誤算

連絡橋を国有化する作業は順調に進んでいた。通行料金は10月1日に引き下げられるとの情報が年度初めにあった。その後、料金引き下げ時期は年内または年明けに変わった。高速道路の料金を見直す作業の進み具合がはっきりしたからで、国有化の作業は順調と泉佐野市に伝わった。

総務大臣の判断は先送りになり、泉佐野市が求める支援の協議は進展しなかった。

そこへ思わぬ課題が飛び出してきた。小林副市長は航空局の関空監理官から知らされた。

「連絡橋の買い取り価格が決まりません」

今回の国有化は関空会社から買い取る方式で、買い取り価格が決まらなければ国有化できない。

話は泉佐野市が利用税条例を制定した直後に遡る。NEXCO西日本の会長が連絡橋料金の引き下げが来年4月にずれ込む可能性に言及した。新料金を申請する前提条件が固まっていないと発言し、要因のひとつに利用税条例を挙げた。

この発言がすぐに泉佐野市と航空局の協議に影響を与えることはなかったが、今や避けて通れなくなった。

利用税を課税するかどうかで新料金も買い取り価格も変わるためで、利用税を決着しなければ国有化のめどが立たなくなった。

12月16日、関空監理官は新田谷市長を訪問して利用税の取り下げを要請した。

直後の18日、今度は新田谷市長が上京して航空局長に陳情した。改めて56億円の支援を要望した。

航空局長は「早急に支援策を取りまとめます」と答えた。

ただ頭を下げてお願いするだけでなく、減免取り消しや利用税を武器に戦ったことで国を真剣にさせることができたと新田谷市長は安堵した。

全面解決

海面の埋め立ては期間を区切って許可される。関空2期島を埋め立てる工事の期限は何度か延長となり、当時は平成30（２０１８）年が期限だった。航空局はこれを8年前倒しして平成22（２０１０）年中に竣功する支援策を示した。

私は小林元副市長に尋ねた。

「支援策はすぐに示されたのですか」

「12月中にはありませんでした。支援策が示されてから航空局長の文書を受け取るまであまり日数はかかっていません」

年が明けた1月後半に話が進んだようだ。年度末が近づき航空局は急いだのだろう。

「どのようにして支援策はできたのでしょうか」

「固定資産税が課税されていない2期島の未供用地が活用できないかと航空局は考えたと思います。2期島の埋め立て工事はほとんど終わっていたが、関空会社は泉佐野市に固定資産税を払いたくないために滑走路以外は竣功しなかった。それを泉佐野市支援のために活用しようというのです」

関空会社が了解したかどうかははっきりしない。

小林元副市長が言った。「『関空会社は必ず説得しなければなりません』と航空局の関空監理官は言いました」

新田谷市長は「約束が果たされなければ利用税に戻るだけだ」と言って航空局の提案を受け入れた。

話は逸れるが、航空局の支援策にはまやかしがあると『物語を書いている現在の私』は思っている。関空会社が2期島の埋め立てを受け入れたのかどうかも、何故、支援策が履行されなかったのかもはっきりしない。

経営支援の政府補給金を増額することが条件だったのかもしれないが、政権交代を機に逆に減額された。

埋め立て工事が始まらないときに航空局からみなし課税を示唆されたことで、埋め立て工事の遅れを追及する泉佐野市の矛先が鈍った。

LCCピーチアビエーションの本社が泉佐野市に移転するとき、航空局は「これは泉佐野市支援です」と公表前に持ち掛けた。

千代松市長は航空局の対応を『偽装支援だ』と指弾した。

当時の私は、みなし課税の話もLCCの話も「航空局と泉佐野市の駆け引き」と思ったが、2期島埋め立ての支援策までもが駆け引きやまやかしと思わなかった。

利用税を徴収するためにNEXCO西日本と協議していた平成24（2012）年9月、2期島埋め立ての議案が泉佐野市議会に提案された。関西空港の運営権売却（コンセッション）に着手する前に関空会社の資産を確定する必要があり、埋め立てが完了したと説明された。

私は疑問が湧いた。

（コンセッションはかなり以前から準備されていたのではないか？）

2年前の平成22（2010）年5月に国交省の成長戦略に盛り込まれてから、航空局も関空会社もコンセッションに突き進んでいる。

成長戦略が発表される1年4か月前、泉佐野市に支援策が示された時点で、航空局内で既にコンセッションの検討がされていたのではないか。航空政策の方向性として航空局内にあるコンセッションを、決定も発表もされていないことを利用して「泉佐野市支援」として持ち出してきたのではないかと私は推測している。

それだけではない。

関西空港が民間資金で建設されることが決まってから、関空会社はできるだけ税金を納めたくないのに対して、泉佐野市はできる限り税収を確保したいと、両者は対立するようになった。関空ができて財政危機に苦しむ泉佐野市と経営不振の関空会社は、表向きは「共存共栄」を掲げたが、倒産と衰退を競ってきたのが現実だ。そんな関空会社が、泉佐野市に税金を払うことをすんなり受け入れるはずがない。

航空局が関空会社を抑え込んだ決めゼリフが私に浮かぶ。

「空港の将来はコンセッションだ。泉佐野市には8年早めると言うが、コンセッション前の竣功を少し早めるだけだ」

小林元副市長は「私はその方面に詳しくない」と前置きして語った。

「当時を知る者としては違うと感じる」

私も2期島が竣功した理由を知るまで思いもしなかった。


話を戻そう。

平成21（2009）年2月2日、航空局長の記名押印文書が泉佐野市に届き、支援策が示された。

第1に平成20（2008）年中の関空連絡橋の国有化が見送りになったことで翌年度の固定資産税が確保されること。第2に泉佐野市域の空港2期島約134ヘクタールを平成22（2010）年中に竣功する。これで平成23（2011）年度以降、年5億円から6億円の固定資産税が入る。第3にりんくうタウンの整備を進める。

新田谷市長は利用税の取り下げと減免取り消しの撤回を表明し、議会に理解を求めた。

「国の支援は本当に信じられるのか」「条例を廃止するのは支援が実現した後ではないか」「税収を補填しなければならないのは関空会社ではなく、連絡橋を国有化した国交省だ」等の意見が議員から出た。

航空局長名の公文書を信じるという新田谷市長の熱意が議員に伝わった。

私は手続きが足りないと感じた。

利用税導入を検討するときは法定外税検討委員会に相談したのに取り下げるときは相談しない。検討委員会の委員、特に泉佐野市民でない学識委員を軽んじている。だから私は法定外税検討委員会を開くことは二度とあり得ないと感じた。

利用税条例を廃止し総務省に協議の取り下げを申し出た。

減免取り消しの撤回を関空会社に通知した。

『全面解決』と報道された。

平成21（2009）年4月29日午前0時、関空連絡橋が国有化されてNEXCO西日本に移管された。同時に、通行料金が引き下げられた。


勝算のない戦いだった。

数年前は「東の夕張、西の泉佐野」、今は「第2の夕張」と言われる。倒産するかの瀬戸際で新田谷市長は踏ん張り続けている。

潰れそうで潰れない泉佐野市の踏ん張りは真田一族に似ている。

真田昌幸は多くの大名から「真田は潰れる」とみられながら戦国時代を生き延びた。

世間が驚く戦い方で難局を乗り切ったあたりも似ている。

※※※

「不交付団体になった要因は何だったのだろう」

朝日新聞の記者は疑問を持っていた。

りんくうタウンの企業進出が進み税収が増える、正式決定前なので企業名は言えないと職員から説明されたが、りんくうタウンに新しい大きな事業所は見当たらない。

平成21（2009）年度から税収が増える説明とは思えなかった。

記者は久しぶりに泉佐野市を取材し、新田谷市長に疑問を出した。

「たばこ税が16億円増えるんや」

記者はもう少しだけ詳しい説明を頼んだ。

「パチンコ景品業者を誘致してパチンコ店に納めてもらう。市に税金が入るんや」

「大きな事業所ですが場所はどこですか」

「自動販売機1台や。大きくなくてもいいんや」

記者は自動販売機1台で税金が16億円増えるのはおかしいと思い、新聞に大きく書いた。

マスコミが呼応した。

税金16億円を稼ぐ自動販売機が連日テレビに登場した。

市たばこ税の税収は、日本たばこ産業株式会社等の売り主が小売店に販売した本数で決まる。売り主が小売店の所在市町村ごとに申告して納税する。

人口1人当たりの消費量とかけ離れた格差が自治体のたばこ税にあった。

パチンコの景品たばこがポイントで、大手のパチンコ景品販売業者は、事業所は1か所でも各地のパチンコ店に販売している。

総務省の税担当者は歪んだ制度と認識している。

「ごく一部の地方団体についてではあるものの地方たばこ税における、実際の消費、購入の市区町村と税収の帰属市区町村の歪みは、市町村がたばこに課税を行うことの否定にも繋がりかねない問題」と認めている。

数年前に同じことがあった。

全国平均の3倍を超えるたばこ税は都道府県に交付するルールができた。泉佐野市の人口を勘案した、全国平均のたばこ税は、当時で約8億だったので、24億円を超えるたばこ税は大阪府に交付しなければならない。

このカラクリで16億円増える。

国はマスコミ報道にすぐ対応した。

自治体に残るたばこ税の上限は全国平均の3倍から2倍になった。

泉佐野市の場合24億円が16億円になる。8億円の減少だ。

国の支援策が実現するよりも前に、たばこ税の税収が減ることになった。

相変わらず財政再建の道は険しかった。

平成22（2010）年4月、私はほとんど何も知らずに税務課長になった。

あとがき

平成25（２０１３）年3月30日午前0時に徴収が始まりました。ほとんどの自動車はＥＴＣで通行しますから、「関空橋税　１００円」が取られていると気付かない利用者が多かったことでしょう。

１か月後のゴールデンウイークが始まる頃に、初めてのクレジットカード引き落としがあり、5月中にクレジットカードの引き落としが一巡します。

私は多くの苦情を心配しながら職場の自席に座っていました。宣伝が奏功したのか、運が良かったのかわかりませんが、大した苦情もトラブルも起きませんでした。

時が経つに従って、私には歴史的事件に関わったとの思いが生まれ、大きくなっていきました。国の経済施策に影響を与える税で地方財政審議会に呼ばれたこと。

道路通行者から税を徴収することは関所の復活で、明治維新以来約１４０年ぶりのことでした。

関空連絡橋の国有化に物申し、航空局長の文書を引き出したことは当時の新田谷修司市長の業績です。新田谷市長の時代に国の支援は実現しませんでしたが、次の千代松大耕市長が総務大臣の同意を得てＮＥＸＣＯ西日本との協議を成功させる礎になりました。

前例のないことに立ち向かった人の苦労はドラマだと思います。関空連絡橋に税金をかけるまでの道程で言えば、新田谷修司市長のドラマであり、千代松大耕市長のドラマです。

もし私が「市長の物語」を書けば、「燕雀安くんぞ鴻鵠の志を知らんや」と誹る人がいるでしょう。

それでも私が物語を書くことにしたのは千代松市長の勧めがきっかけでした。

『新しいものは無理難題から生まれる』

空港連絡橋利用税は無理難題の連続で、私にとってはミッションインポッシブルでした。私はほとんど四苦八苦しただけ、もがき続けただけでしたが、それでも関空橋税が実現したことによって、平凡な公務員人生が大きな成功体験に変わりました。あり得ないことに出会った幸運に感謝しています。

それ故、『不可能が実現したことを物語にしたい』という気持ちが生まれました。

「空港連絡橋利用税なんて実現するはずがない」と言っていた人が、「〇〇だから実現したんだ」と成功の要因を話すたびに、「それは違う」という思いがありました。かと言って、その思いを上手く言い表すことはできませんでした。その思いを表現する方法として、辿り着いたのが物語です。私のペンを走らせる、推進力になり羅針盤になりました。

題名は、最初「泣き寝入りしてたまるか！」、次に「偽装支援」にするつもりでした。連絡橋の国有化に対する泉佐野市長の怒りが物語の根底にあるからです。

しかし、文芸社の編集担当者から「これは泉佐野市税務課長の戦い、ですね」と言われ、「泉佐野市税務課長975日の闘い　ミッションインポッシブル――関空連絡橋に課税せよ！」に変えることにしました。私の思いをより一層書き込むことができる題名になりました。

本書を書くに際しては、新田谷修司前市長、千代松大耕市長に何度もお会いしました。お二人の理解と協力がなければ、私が『私の物語』を書き上げることは決してできませんでした。改めて感謝申し上げます。

また、本を書くという私の目標に対して「公務員が仕事のことを書いていいのか」という意見をいただきました。私は情報公開で入手できる情報の範囲で書こうと決めていましたが、私の頭の中にある情報を自由に物語にしていいのかと心配されました。ひと言で言うと公務員の守秘義務です。私には基準と自信がありましたが、法律の専門家でない私の説明に納得しない人がいました。

弁護士である泉佐野市総務課の市瀬義文参事は、物語を書こうと思い立った頃から私の不安を丁寧に受け止め、整理してくださり、解決してくれました。市瀬参事のおかげで書き上げることができましたことを感謝申し上げます。

竹森　知

参考年表

元号年(西暦)月	出来事	総理大臣(政党)	総務(自治)大臣	大阪府知事	泉佐野市長
昭和59(1984)年10月	**関西国際空港株式会社設立**	中曾根康弘(自民党)	田川 誠一	岸 昌	向江 昇
昭和62(1987)年1月	**関西国際空港建設工事開始**	中曾根康弘(自民党)	葉梨 信行	岸 昌	向江 昇
平成元(1989)年12月	日経平均株価、史上最高値(バブル景気絶頂)	海部 俊樹(自民党)	渡部 恒三	岸 昌	向江 昇
平成6(1994)年3月	**空港連絡橋完成**	細川 護熙(日本新党)	佐藤 観樹	中川 和雄	向江 昇
平成6(1994)年9月	**関西国際空港開港**	村山 富市(社会党)	野中広務	中川 和雄	向江 昇
平成7(1995)年1月	阪神淡路大震災	村山 富市(社会党)	野中広務	中川 和雄	向江 昇
平成11(1999)年7月	**関西国際空港2期工事開始**	小渕 恵三(自民党)	保利 耕輔	山田 勇	向江 昇
平成12(2000)年2月	**新田谷修司泉佐野市長誕生**	小渕 恵三(自民党)	保利 耕輔	齋藤 房江	新田谷修司
平成13(2001)年9月	アメリカ同時多発テロ	小泉 純一郎(自民党)	片山 虎之助	齋藤 房江	新田谷修司
平成16(2004)年3月	**泉佐野市財政非常事態宣言**	小泉 純一郎(自民党)	麻生 太郎	齋藤 房江	新田谷修司
平成18(2006)年6月	夕張市の財政破綻判明	小泉 純一郎(自民党)	竹中 平蔵	齋藤 房江	新田谷修司
平成19(2007)年6月	地方公共団体財政健全化法公布	安倍 晋三(自民党)	菅 義偉	齋藤 房江	新田谷修司
平成19(2007)年8月	**関西国際空港第2滑走路オープン**	安倍 晋三(自民党)	菅 義偉	齋藤 房江	新田谷修司
平成19(2007)年12月	**関空連絡橋の国有化発表**	福田 康夫(自民党)	増田 寛也	齋藤 房江	新田谷修司
平成20(2008)年2月	橋下徹大阪府知事誕生	福田 康夫(自民党)	増田 寛也	橋下 徹	新田谷修司

平成20（２００８）年８月	空港連絡橋利用税条例制定	福田康夫（自民党）	増田寛也	橋下徹	新田谷修司
平成20（２００８）年９月	リーマンショック	福田康夫（自民党）	増田寛也	橋下徹	新田谷修司
平成20（２００８）年度	ふるさと納税制度始まる。泉佐野市６９４万円集める				新田谷修司
平成21（２００９）年３月	空港連絡橋利用税条例廃止	麻生太郎（自民党）	鳩山邦夫	橋下徹	新田谷修司
平成21（２００９）年９月	泉佐野市財政健全化団体確定	麻生太郎（自民党）	鳩山邦夫	橋下徹	新田谷修司
平成21（２００９）年度	泉佐野市のふるさと納税１、０２３万円				
平成22（２０１０）年２月	泉佐野市財政健全化計画策定	鳩山由紀夫（民主党）	原口一博	橋下徹	新田谷修司
平成22（２０１０）年５月	国土交通省成長戦略（関空伊丹統合方針）	鳩山由紀夫（民主党）	原口一博	橋下徹	新田谷修司
平成22（２０１０）年度	泉佐野市のふるさと納税１、６５８万円				
平成23（２０１１）年３月	東日本大震災、福島第一原発事故	菅直人（民主党）	片山善博	橋下徹	新田谷修司
平成23（２０１１）年４月	新田谷修司市長辞職し府議選出馬	菅直人（民主党）	片山善博	橋下徹	新田谷修司
平成23（２０１１）年４月	千代松大耕泉佐野市長誕生	菅直人（民主党）	片山善博	橋下徹	千代松大耕
平成23（２０１１）年８月	空港連絡橋利用税条例制定（再）	菅直人（民主党）	片山善博	橋下徹	千代松大耕
平成23（２０１１）年度	泉佐野市のふるさと納税６３３万円				
平成24（２０１２）年４月	新関西国際空港株式会社設立	野田佳彦（民主党）	川端達夫	松井一郎	千代松大耕
平成24（２０１２）年４月	総務大臣、空港連絡橋利用税に同意	野田佳彦（民主党）	川端達夫	松井一郎	千代松大耕
平成24（２０１２）年度	泉佐野市、ふるさと納税返礼品の充実に取り組み始める。返礼品数約20品。１、９０２万円集める				千代松大耕

平成25（2013）年3月	空港連絡橋利用税徴収開始	安倍晋三（自民党）	新藤義孝	松井一郎	千代松大耕
平成25（2013）年度	泉佐野市のふるさと納税、返礼品数約30品。4、605万円				千代松大耕
平成26（2014）年度	泉佐野市のふるさと納税、返礼品数約100品、ピーチポイントを追加。4億6、757万円				
平成27（2015）年度	泉佐野市のふるさと納税、返礼品数約400品。11億5、084万円				
平成28（2016）年4月	関西エアポート㈱、関空の運営開始	安倍晋三（自民党）	高市早苗	松井一郎	千代松大耕
平成28（2016）年度	泉佐野市のふるさと納税、返礼品数約850品。34億8、358万円				千代松大耕
平成29（2017）年7月	総務大臣、空港連絡橋利用税（延長）に同意	安倍晋三（自民党）	高市早苗	松井一郎	千代松大耕
平成29（2017）年度	泉佐野市のふるさと納税、返礼品数約1000品以上。135億3、251万円				千代松大耕
平成30（2018）年度	泉佐野市のふるさと納税、返礼品数約1000品以上。497億5、291万円				
令和元（2019）年6月	総務省、泉佐野市をふるさと納税から除外	安倍晋三（自民党）	石田真敏	吉村洋文	千代松大耕
令和元（2019）年6月	泉佐野市、国地方係争処理委員会に審査申し出	安倍晋三（自民党）	石田真敏	吉村洋文	千代松大耕
令和元（2019）年9月	国地方係争処理委員会、総務大臣に再検討勧告	安倍晋三（自民党）	石田真敏	吉村洋文	千代松大耕
令和元（2019）年10月	総務大臣、泉佐野市除外を継続	安倍晋三（自民党）	高市早苗	吉村洋文	千代松大耕
令和元（2019）年11月	泉佐野市、総務大臣を提訴	安倍晋三（自民党）	高市早苗	吉村洋文	千代松大耕
令和2（2020）年1月	大阪高裁で泉佐野市敗訴	安倍晋三（自民党）	高市早苗	吉村洋文	千代松大耕
令和2（2020）年6月	最高裁で泉佐野市逆転勝利	安倍晋三（自民党）	高市早苗	吉村洋文	千代松大耕

参考文献

新田谷修二『大阪から日本を洗濯する』（東京図書出版／2015年）
新田谷修二『市長通信』
千代松大耕『型破りの自治体経営』（青林堂／2020年）
都市財政研究会『しのびよる財政破綻―どう打開するか 大阪衛星都市にみるその実相』（自治体研究社／2000年）
白川一郎『自治体破産―再生の鍵は何か』（日本放送出版協会／2007年）
中川徹『検証 大阪のプロジェクト―巨大開発の虚像と実像』（東方出版／1995年）
円満字二郎『漢字の使い分けときあかし辞典』（研究社／2016年）
地方財務協会『月刊「地方税」別冊 改正地方税制詳解 平成16年』（地方財務協会／2004年）
竹田和弘「プレスの目／航空保安大学校」／月刊「KANSAI空港レビュー」2005年6月号収録（関西空港調査会／2005年）

著者プロフィール

竹森 知（たけもり とも）

1958年石川県生まれ。
大阪市立大学卒業後、泉佐野市役所に勤務。
2019年定年退職。
大阪府在住。

泉佐野市税務課長975日の闘い

ミッションインポッシブル―関空連絡橋に課税せよ！

2021年6月15日 初版第1刷発行

著 者 竹森 知
発行者 瓜谷 綱延
発行所 株式会社文芸社
〒160-0022 東京都新宿区新宿1－10－1
電話 03-5369-3060（代表）
03-5369-2299（販売）

印刷所 株式会社フクイン

ISBN978-4-286-22669-9